ジャーナリズムの役割は空気を壊すこと

森 達也
Mori Tatsuya
望月衣塑子
Mochizuki Isoko

a pilot of wisdom

目次

プロローグ　森 達也——8

第一章　職業としてのジャーナリスト——22
安倍・菅時代のジャーナリズム
首相と番記者たちとの馴れ合い
質問の事前通告という倒錯
記者会見は記者クラブで仕切れ
失われた政治家の雅量
数字に安易に左右される政治とメディア
まともな質問をする記者が叩かれる時代
「学問の自由」を侵す日本学術会議問題
危機を煽り、利用してきた安倍・菅政権
日本国民のために働かない政府
ジャーナリストの役割とは？

色のついていない人材を好んで採用するメディア
記者クラブではないメディアがスクープを飛ばす
新型コロナ禍での五輪開催を早期に批判できなかった大手メディアの問題

第二章　ファクトに迫るために——90

両論併記の罠
I（私）を主語にせよ
日本の教育が近代史を教えない理由
アメリカ大統領選挙で氾濫したフェイク情報
右翼はビジネスになる？
マスコミに寄せられる情報にも嘘・偽りはたくさんある
守られる「公文書は隠すもの」という伝統
取材対象者との正しい距離感などない
映画『i—新聞記者ドキュメント』のエンディングに激怒した人

先進国ほど低くなる報道の自由ランキング
誤報はあって当たり前
個々の記者の信頼度が試される時代

第三章　ジャーナリズムの役割は「空気を壊す」こと―――146

日本のジャーナリズムの過去の陥穽①――沖縄返還密約問題（西山事件）
報道のプライオリティが崩れている
ニュース番組のエンタメ化をどう考えるか
日本のジャーナリズムの過去の陥穽②――NHK番組改変問題
「クローズアップ現代」問題から見えるNHKの腐敗
ニュース番組の編集権は誰にあるのか
日本テレビアイヌ差別語問題の背景
コミュニケーション・ツールへの依存が招く同調圧力
主権者意識が希薄な日本人

移民政策とまともに向き合わない自公政権
ジャーナリストにとってＳＮＳは武器になる
相手から本音を引き出す質問力
「空気を壊す」のがジャーナリズムの役割
小さな火を大きな火に変えていく

エピローグ――無意識のずれを気にしないこと　望月衣塑子――194

目次扉写真撮影／野辺竜馬
目次扉デザイン／ＭＯＴＨＥＲ
企画協力／髙木真明　構成／萩原晴一郎

プロローグ

森　達也

二〇一六年に『FAKE』を発表して公開が一段落したころ、映画製作配給会社スターサンズの河村光庸《みつのぶ》プロデューサーから連絡をもらい、望月衣塑子の著作である『新聞記者』（角川新書、二〇一七年）を原案にした劇映画の監督をやってもらえないかと打診された。この段階で脚本は半分ほどできていた。望月自身のこれまでの生涯を軸にしながら日本のジャーナリズムの問題点を記者の視点から批判する『新聞記者』は、論としては一級であっても、そのままでは映画にならない。ストーリーが必要だ。

まだプロット段階ではあったけれど、設定された主人公は、政権に対して果敢に取材を続ける女性記者と、外務省から内閣情報調査室に転属されたばかりの若い男性官僚だ。この女性記者のあこがれが望月衣塑子という設定だ。取材する側とされる側。あるいは政治的な圧力を加えられる側と、その圧力のために情報を収集して官邸に提供する側。なるほど。いろいろ修正は必要だが、やる意味と意義はあると僕は考えた。

ずっと疑問だった。なぜ日本の映画には、正面からメディアと政治を批判的に描く作品が少ないのか。ハリウッドでは『市民ケーン』や『デッドラインUSA』に始まって、『ネットワーク』や『大統領の陰謀』『ペンタゴン・ペーパーズ』に『スポットライト』『記者たち』『ニュースの真相』など、ジャーナリズムをテーマにした作品はとても多い。マイケル・ムーアはオスカー授賞式で「ブッシュよ恥を知れ」と叫び、『ニクソン』や『バイス』など政治権力者たちを真っ向から批判する映画も枚挙にいとまがない。この時期には政権とメディアを激しく批判する韓国の『1987、ある闘いの真実』や『共犯者たち』も話題になっていた。イラク戦争時におけるブレア政権の欺瞞《ぎまん》を描いたイギリスの『オフィシャル・シークレット』やルーマニアの政治腐敗と闘うジャーナリズムを描いた『コレクティブ』も強烈だった。しかもすべて実名だ。でも日本には、メディアはともかく（現在進行形の）政治を正面から批判する映画はほぼ存在していない。これほど大切なテーマなのに。次は劇映画を撮りたいと考えていた僕は、数日考えてから依頼を受けることを河村に伝え、脚本の港岳彦《みなとたけひこ》とふたりで執筆作業に入る。

しかし、その後の展開はスムーズには進まなかった。最終的に港も僕も降板し、映画『新聞記者』は藤井道人が監督して完成する。スムーズに進まなかった理由は、まだ若干の差しさわりがあるのでここには書かない。僕がわがままだった。ある意味でそれに尽きる。でもわがままでなければ映画など撮れない。そうも思っている。

その『新聞記者』が公開された二〇一九年夏、僕は望月を被写体にしたドキュメンタリーを撮っていた。その後にタイトルは『i』に決まる。

そもそもは劇映画の脚本執筆に専念していた時期に、劇映画とドキュメンタリーを同時並行して監督できないかと河村から相談されていた。そのときは、物理的に無理です、と断った。劇映画とドキュメンタリーは似て非なるものだ。使う筋肉がまったく違う。一五〇〇メートル自由形を泳ぎながら棒高跳びはできない。

でも結果として劇映画からは降りた。スケジュールはぽっかりと空いている。しかもジャーナリズムと政治をテーマにする映画を撮るための助走を始めてしまった。今さら止まりたくない。だからドキュメンタリー映画の監督のほうは引き受けると河村に伝えた。

テレビ時代は別にして『A』以降、誰かに依頼されてドキュメンタリーを撮ったことは一度もない。先行するのは常に自分の気持ちだった。だから『i―新聞記者ドキュメント』は僕にとって、初めての請け負い映画、ということになる。

ただし『A』や『A2』『FAKE』、あるいは『311』やテレビ時代の「放送禁止歌」なども含めて、これまでの僕の作品においてメディアの在りかたは、とても重要な要素だ。だからもちろん、きっかけは他律的ではあっても、望月衣塑子を撮ることの意味と意義は十分に感じていた。

この時期の望月のメインの活動エリアは官房長官の記者会見だ。社会部所属である彼女にとって、政治部記者たちで占められるこの会見場は本来のエリアではない。でも辺野古《へのこ》や森友加計《かけ》問題や武器輸出関連などを取材しながら、望月は権力の中枢に自らが質問する主体となることにこだわった。

ならば彼女を撮る自分も官邸の記者会見の場に入りたい。彼女だけではなく他社の記者たちも撮りたいし、何よりも彼女の質問に対応する菅義偉《すがよしひで》官房長官を、答える瞬間だけではなく控室や出入りの際の裏舞台も含めて、間近から撮りたい。

この発想はドキュメンタリーを撮るスタンスとして当然のこと。しかしハードルは予想以上に高かった。内閣記者会に所属する記者だけではなくフリーなどにも門戸を開くきっかけを示したのは民主党政権だったが、第二次安倍政権になってからは、新規で誰一人認められていない。

でも、新規を認めない、と宣言はしない。正確に書けば、宣言できない。だって記者会見は記者会が主催している。官邸側に記者を選別する権限はない。

もちろんこれは建前だ。実際のところ記者会は、会見のイニシアチブを取ることを放棄している。仕切りと窓口は官邸だ。新規参入を認めるふりはする。過去の実績を提示せよとかメディア各社からの推薦を受けろとか。いろいろ試行錯誤はしたが、最終的に記者会見を撮影することは諦めた。でも素材は必要だ。ネットで公開されている官房長官記者会見の映像を使うことにした。だから編集作業に入ってからはほぼ毎日、僕はこの素材を観《み》続けて、あらためて実感した。この官房長官の言葉はあまりに貧弱だ。そもそも質問に答える誠実さがない。そして何よりも、国や世界をこうしたいとの理念や気概をまったく感じることができない。

もちろんこれは、ネット配信を観ただけの直感だ。実際に会って話したなら、多少は印象が変わるかもしれない。でも変わるとしても多少だ。神は細部に宿る。都合の悪い質問をされたときの目の動き、声の調子、表情の変化、ここに本質が見え隠れしている。口下手をあげつらうつもりはない。個人的には饒舌《じょうぜつ》すぎる人よりも口下手な人のほうが好感は持てる。でも政治家の命は言葉だ。口下手で言葉足らずな政治家など、手先が不器用な外科医や高所恐怖症のとび職人に等しい。表舞台に立つ政治家として適性と資質がないのだ。

そんな彼がなぜ自民党内でこれほどの力を持ったのか。理由のひとつは内閣人事局を通じて省庁の人事権を掌握したからだろう。安倍政権の時代に官房長官の位置にいた菅は行政権力を官邸に集中させ、トップダウン型で迅速に政策を実行する官邸主導の統治手法を完成させた。

しかしそれは組織に帰属する裏方の仕事であり、前面に立つ人の仕事ではない。要するに器として番頭なのだ。ところが首相就任時には、多くのメディアが、「叩《たた》きあげ」とか「パンケーキ」などの語彙とともに彼を持ち上げ、菅内閣発足時の支持率は七〇パーセントを超えて歴代三位となった。

こうした状況を見ながら、おそらくすぐにコーティングは剝げると僕は予想した。今になって後付けで言うわけではない。どう考えても彼にはカリスマがない。ましてコロナ禍だ。つまり非常時。その状況で国の舵取《かじと》りができる政治家ではない。

対談でも触れているが、北朝鮮のミサイル発射実験の際のJアラートが端的に示すように、長く続いた安倍政権は、国民に対して常に非常時のイメージをまき散らして高い支持率を維持してきた。頻繁に掲げてきた「国民の命を守り抜く」とのスローガンが示すように、非常時に強い内閣というイメージだ。でも新型コロナによる本当の非常時が始まって、これまでのイメージは幻想でしかなかったことが明らかになった。それほどに何もできない。アベノマスクとGo Toトラベルと活動への自粛要請のタイミングが示すように、基本的な方針がとてもちぐはぐだ。これを菅政権はそのまま継承している。

なぜこれほどに政治がお粗末なのか。記者会見で記者たちが追及しないからだ。でも記者たちだけを責めても仕方がない。記者会そのものの問題だ。

一例を挙げる。二〇二一年一月一三日の首相記者会見。相変わらず仕切りは内閣広報室。追加質問はしないようにと釘《くぎ》を刺す。なぜ記者たちは異議を唱えないのか。この日は旧《ふる》い友人であると同時に『i』では僕に対する記者会見参入の指南役として登場したビデオニュースの神保哲生《じんぼうてつお》が、最後に質問者として指名された。日本の人口あたりの病床数は世界一多いことを前置きにしながら神保は、感染者数はアメリカの一〇〇分の一くらいなのに医療崩壊しかけていることについて、医療法や感染症法の改正になぜ踏み込まないのかと質問した。でも菅首相の答えは、例によってよくわからない。

「この感染症については先ほど申し上げましたけれども、法律改正は行うわけでありますから、それと同時に医療法について、今のままで結果的にいいのかどうか、国民皆保険、そして多くのみなさんが診察を受けられる今の仕組みを続けていく中で、今回のコロナがあって、そうしたことも含めて、もう一度検証していく必要があると思っています。それによって必要であれば、そこは改正するというのは当然のことだと思います」

ここで終わらせては意味がない。というか意味がわからない。おそらくはそう考えた神保は、「現時点ではお考えになっていないという、医療法の改正については」と続けて質問したが、首相の答えは「今、申し上げましたように、それは検証する必要があると思っています。そして、その上のことだと思っています」としか答えない。これは答えなのか。答えているふりをしているだけだ。

ここで内閣広報官が、「次の日程」を理由に会見の打ち切りを宣言する。ちなみに後に明らかになった「次の日程」は、（これも対談で触れているが）官房副長官補、感染症対策推進室長、厚労省事務次官、医務技監との一五分のミーティングだ。報告を聞いただけで終わったのだろう。ならば翌日に回せないのか。そもそも一五分で終わるミーティングを、二度目の緊急事態宣言に七府県を追加した直後の重要な記者会見より優先する理由は何か。しかもその後に菅首相はさっさと帰宅している。

政権のこうした姿勢は、その後も五輪や終戦関連セレモニーやコロナ第五波を迎えている現在（二〇二一年九月）に至るまで、まったく何も変わっていない。『i』に登場した外国人記者のひとりは、私の国ならとっくに彼は退場しています、と僕に言った。でもこの国では退場しない。その理由のひとつは、政治権力を監視して批判することが最大の使命であるはずのジャーナリズムが機能していないからだ。

もちろん、歯を食いしばりながらがんばっている記者やディレクターを僕はたくさん知っている。ただし組織は手ごわい。市場原理も強い。彼らは孤立しかけている。望月はそのひとりだ。だからこそ彼女を撮る意義はあると考えた。

『i』公開時に、リリース用に書いたコメントを以下に引用する。

望月衣塑子記者の名前を、あなたはいつ知っただろうか。官房長官の記者会見で質問を重ねる女性記者。同じ質問を何度もするなと官邸スタッフに咎《とが》められたとき、「納得できる答えをいただいていないので繰り返しています」と彼女は即答した。とても当たり前のこと。でもその当たり前の言葉が、ずっと僕の頭から離れない。

この国のメディアはおかしい。ジャーナリズムが機能していない。そんな言葉を日常的に見聞きするようになってから、もう何年が過ぎただろう。いや見聞きするだけではない。僕自身も頻繁に言ったり書いたりしている。

かつてテレビディレクターだった。その後に映画監督が肩書に加わった。それから活字も仕事の領域になった。いわば僕のこれまでの人生は、常にメディアと共にあった。そのうえで断言する。確かに今のメディアはおかしい。ジャーナリズムが機能していない。

あなたが右だろうが左だろうが関係ない。保守とリベラルも分けるつもりはない。メディアとジャーナリズムは、誰にとっても大切な存在であるはずだ。だから撮る。撮りながら考える。望月記者はなぜこれほどに目立つのか。周囲と違うのか。言葉が残るのか。特異点になってしまうのか。

撮りながら悩む。考える。だから観ながらあなたにも考えてほしい。悩んでほしい。きっと最後には、あるべきメディアとジャーナリズムの姿が見えてくるはずだ。

最後のフレーズが示す意味は、この対談にも共通する。エピローグで望月は僕について、こんなフレーズを書いている。

「そうするつもりはないんだけど、気づいたら他の人とは、ずれているんですよね」。こう語っていた森さんの「無意識のずれを気にしない」姿勢こそ、ジャーナリズムに携わる人には必要不可欠な要素だ。

補足するが僕はジャーナリストではない。そしてこのように書く望月本人はまったく気づいていないようだが、「無意識のずれを気にしない」姿勢は、僕よりも望月のほうがはるかに濃厚だ。つまり天然。ところが彼女には、（僕にはない）ジャーナリストとしての芯がある。自覚がある。モティベーションがある。小さくて弱い人たちの声を届けたいとの意識がある。強くて驕《おご》る権力に対しての怒りがある。

だからこそ望月は、孤立しても動揺しない。嘲笑されても臆さない。罵声を浴びせられても逃げない。同調的に平面化して一方向に暴走する空気を壊すことに躊躇《ちゅうちょ》しない。彼女のそんな姿勢は、この対談においても存分に示されている。

追記　ぎりぎりで書かねばならなくなった重大な補足

本書の最終ゲラの推敲《すいこう》を始めた直後の八月三一日、菅首相は総裁選を先送りして九月中に衆議院を解散する意向を固めた、との情報が永田町を駆け巡り、最大派閥細田派の幹部会や若手議員などを中心にして、「菅首相が顔では闘えない」「自民党を壊すのか」などと怒りの声が続出したと報道された。

一夜明けた九月一日午前、報道陣の囲み取材で菅首相はあっさりと総裁選の先送りを否定した。おそらくは相当な突き上げがあったのだろう。さらに二日が過ぎて最終ゲラのチェックが半分ほど終わった九月三日、自民党臨時役員会で菅首相は、党総裁選に立候補しないことを唐突に表明した。理由はコロナ対策に専念したいから。

この間に舞台裏で何があったのか。多くのメディアが自民党幹部たちの党内抗争については明らかにしているし、ここでそれらを子細に検証するつもりはない。ひとつだけ言えるとしたら、最後くらいは「コロナ対策のため」などと幼稚な言い逃れをせずに、自分の力が足りないことを実感したと正直に国民に説明してほしかった。就任時のスローガンは「国民のために働く」。ならばこれまでの内閣は誰のために働いていたのか。そして不出馬の理由は「コロナ対策に専念したい」から。ならば、これまではコロナ対策に専念していなかったのか。そもそもあなたはつい数日前まで、出馬の意欲を明確に示していたではないか。

すでに退場が決まった人に必要以上に石や礫《つぶて》を投げるべきではないと思うが、あなたは自ら希望してコロナ禍における国のリーダーになったのだ。なぜこの国のワクチン接種はこれほどに遅れたのか。なぜPCR検査は拡充しなかったのか。なぜ二年近くが過ぎる今頃になって医療崩壊の事態を迎えているのか。多くの国民の反対を押し切って五輪を強行した理由は何なのか。あなたは表舞台から退くとしても、検証と説明の責任は絶対に消えない。だってコロナの時代はまだしばらく続く。

対談でも述べているが、今から一年前の九月にあなたが総裁選に出馬する意向を示したとき、誰か止めろよ、と僕は思っていた。絶対にボロボロになる。もちろん、僕はあなたと話したことはないし、直接的には知らない。でも『i』を撮る過程で、あなたと望月記者がどのように記者会見でやりとりしてきたかについては、うんざりするほど何度も観た。言葉を聞いた。彼女から質問されたとき、あなたは攻撃的になったり嘲ったりごまかしたりバカにしたり正鵠《せいこく》を射られて意味不明の答弁をしたり目が泳いだり。少なくともリーダーの資質はない。それは側近や幹部議員たちもわかっているはずだ。なぜ止めないのだろう。あなたはその器ではないと。

とにかく今、あなたは表舞台から消えようとしている。でも事態の深刻さは何も変わっていない。議員の汚職が相次ぎモリカケサクラが何も解決されていない安倍政権を引き継いで、日本学術会議任命拒否に総務省接待にコロナ対策の遅れと不手際は、やっぱり解決どころか何も解明されていない。現在の一党独裁的な状況が続くかぎり、この国の政治は健全化されないし、ジャーナリズムの停滞も続くだろう。

……とここまで書いて、いやそれは違うと思う。この国の閉塞状況を突破するためには、ジャーナリズムの奮起が何よりも必要だ。ジャーナリズムが変われば社会が変わる。もちろん政治状況も変わる。言い換えれば、この先もジャーナリズムが停滞するならば、この国の社会も政治も変わらない。

いま僕たちはターニングポイントにいる。その思いを抱いたことはこれまでも何度かあったけれど、今回は本気だ。記者やジャーナリストはひとりでは闘えない。結局のところジャーナリズムと政治を変えるカードを持つのは、これから本書を読んでくれるあなたも含めて、僕たち一人ひとりなのだ。

第一章　職業としてのジャーナリスト

安倍・菅時代のジャーナリズム

森　二〇〇五年に森巣博《もりすひろし》さんとの共著で『ご臨終メディア―質問しないマスコミと一人で考えない日本人』（集英社新書）を刊行しました。この本の中で森巣さんは、日本の記者は政治権力に対して質問しない、と強く主張しています。記者の本分は根掘り葉掘り質問すること。そして政治家はこれに答えなくてはならない。つまり説明責任。そして記者は質問責任。

この本を出してから一六年が過ぎて、メディアと政治の関係はどのように変わったのか。あるいは変わっていないのか。それともさらに後退したのか。二〇二一年五月一八日、二階俊博《としひろ》幹事長の記者会見に同席した林幹雄幹事長代理が、二〇一九年の参院選広島選挙区の買収事件で有罪が確定した河井案里《かわいあんり》元参議院議員側への自民党本部からの一億五〇〇〇万円の送金に関連して質問した記者に、「根掘り葉掘り、党の内部のことまで踏み込まないでもらいたい」と答えました。驚くべき発言です。これに対して記者が反論したのかどうか、僕がチェックしたニュース映像はすべて、林幹事長代理の発言終わりでカットされているのでわからないけれど、おそらく反論しなかったんじゃないかな、と想像します。

ここで記者たちは怒るべきです。自民党は民間企業ではないし、一億五〇〇〇万円のうち一億二〇〇〇万円が政党交付金だったことが明らかになっています。その原資は国民が納めた税金。それが不正に使われたとの疑惑があるのだから、明確に答えないのなら根掘り葉掘り聞かれることは当たり前であり、あなたたちは答える義務と責任があるのだと。

つまり一六年前に森巣さんが嘆いた日本のメディアと政治の関係は、現状ではさらに後退しています。

事態は相当に悲観的だけど、でも数年前、菅義偉官房長官の記者会見の場で、執拗《しつよう》に質問を続ける記者が現れた。望月さんです。質問を重ねたあなたに司会が同じ質問をするなと牽制《けんせい》したとき、「納得できる答えをいただいていないので繰り返しています」と答えましたよね。正論です。質疑としては当たり前の対応。でも僕の知る範囲では、こうやって強面《こわもて》の官房長官に食い下がる記者はこれまでいなかった。

もちろん、記者会見の雰囲気を壊すとか政治家の機嫌を損ねるとしてあなたを目の敵にする記者がたくさんいたことは知っています。でも応援している人もいる。同時に望月さんの存在は必ず周囲に影響を与えます。これから先、望月さんの影響を受け、質問のできる記者が少しずつ出てくるのではないか。そうすれば日本のメディアも徐々に変わるはずだ。溺れた状態で手の先に触れた藁《わら》に近いけれど、僕はそう思いたい。望月さんの実感はどうですか。メディアの中で仲間が増えたという感覚はありますか。

望月　新聞他社には、声なき声を拾い上げ、記事にしていくというタイプは少なからずいます。でも、官邸は相変わらず都合の悪い質問には答えませんし、それを聞き出す側である記者クラブにしても官邸と一部のメディアは特になあなあの関係になってしまっており、権力と対峙《たいじ》するという形では、機能しているとはとてもいえない状況です。

新型コロナ禍の第一波に襲われた二〇二〇年四月、政府は緊急事態宣言[*1]を発令しました。その際、緊急事態宣言の期間中に限り、官房長官の定例記者会見を平日に一日二回から一日一回に減らし、なおかつ会見に参加できるのは一社ひとりにしてくれと、官邸側から要望がありました。

森　コロナ禍なのだからシールドで感染対策をするとか、その方向ならわかります。コロナを理由に記者の数を制限するならばそれは本末転倒であり、うるさい記者を排除したいとの便乗

2020年1月22日。記者会見で望月記者が質問を続けるため挙手する一方、記者会見を終えようとする菅義偉官房長官。　写真：毎日新聞社/アフロ

にも見えてくる。

望月　それまでの会見は一社につき人数は制限されていませんでした。東京新聞の参加者は、主に政治部の番記者ひとりと社会部の私のふたりが出ていました。とはいえ、常にふたりで参加していたのは私たち東京新聞くらいのものでしたから、「一社ひとりまで」と聞いたときはコロナ禍を逆手に取ってきたなと。新たな制限は私を会見から締め出すための方便に過ぎないと感じたので、私は東京新聞の番記者に「その要望を受け入れないでください」と強くお願いしました。

その後、定例記者会見の幹事を務める十数社の担当記者たちが集まり、話し合いをしたそうです。そのとき、会見回数を二回から一回に減らすことに関しては全員反対、しかし一社ひとりという制限に関

しては「コロナ禍だからしょうがない」という意見が大半を占め、結局官邸側の要望をそのまま受け入れることになりました。反対したのは東京新聞と毎日新聞の二社だけだったそうです。

その後、五月二五日に緊急事態宣言が解除され、記者会見も元の状態に戻るのかと思いきや、内閣広報室が「第二波がいつ来るかもわからないので、今の状態を継続します」と言ってきました。記者クラブも特に反対意見を述べるでもなく、一日二回、一社ひとりの会見は変わることはありませんでした。

森　そうこうしているうちに安倍晋三首相が辞任し、菅官房長官が自民党総裁選へ出馬するという流れですね。

望月　そうです。九月二日に出馬会見が行なわれました。この会見には一社ひとりなどの制限は設けられていなかったので、私も参加しました。開始から三〇分ほど過ぎ、司会をしていた坂井学衆議院議員が残りの質問者を三人に限りましたが、諦めずに手を挙げていると私を指名してくれました。

菅さんへ質問するのは、実に半年ぶりのことです。私はそこで「首相になれば説明責任も今以上に求められること」「今までのように事前に用意された答弁書を読み上げるのではなく、菅さん自身の言葉で話すことが求められること」を伝え、「首相になったとしたら都合の悪い質問をされたとしてもしっかりお答えいただけるのでしょうか？」と質問しました。

　すると菅さんは「まあ、早く結論を質問してくれれば私も答えることができるわけでありま す」と答えになっていない答えを返してきました。菅さんは「あなたの質問はいつも長いから私は答えられないんだ」と言いたかったのだと思います。

　そのとき、会場に同席していた番記者たちから失笑が漏れました。番記者たちにしてみれば「あー、また望月がやらかした。で、菅さんお得意の嫌味が出た」という笑いであり、定例記者会見の中での異分子的な存在である私に対する嘲笑であったのかもしれません。

　その記者会見には普段は官房長官の記者会見に参加できないフリーランスの方々もたくさん参加していたのですが、そのうちのひとりの方が「質問に答えていないのに、なんであそこで番記者から笑いが起きるのか理解できない」と仰《おっしゃ》っていました。

　本来のジャーナリズムとは政治権力に対し、真っ向から切り込んでいくものなんだと思います。しかし、安倍首相から菅首相へと政権が移行し、ジャーナリズムに対する言論弾圧と記者クラブ内での暗黙の同調圧力は維持されたままで、政権と記者クラブの馴《な》れ合《あ》いの関係はさほど改善していないように感じます。

首相と番記者たちとの馴れ合い

森　安倍首相の後任を決める二〇二〇年秋の自民党総裁選には、菅さんの他、岸田文雄政調会長と石破茂《いしばしげる》元幹事長が立候補しました。岸田さん、石破さんともに記者会見で「できる限り丁寧に、記者の質問には答えていきたい」というようなことを話していた。でも、最も総理に近いと言われていた菅さんは、望月さんの質問に対してもそうだけど、ずっと後ろ向きな発言を繰り返していた印象です。自民党総裁の就任会見でも形ばかりの質疑応答が三〇分くらいあった程度で番記者からも鋭い質問は一切なし。まあ、『i―新聞記者ドキュメント』[*2]を撮った僕からすれば、この人にトップリーダーとしての適性やカリスマや姿勢がないことは自明なので、なぜ立候補できるのかと不思議でした。そしてその後、首相と番記者の馴れ合いの果てともいえる「パンケーキ懇談」が行なわれた（初回は二〇二〇年一〇月三日）。

望月　普段、菅首相に付いている番記者は総勢約六〇人ほどです。新聞社の中には朝昼晩と担当を分け、三人で張り付いているところもあります。その番記者たちに対して就任したばかりの菅首相が完全オフレコの朝食懇談会をしたいと言ってきたのがいわゆる「パンケーキ懇談」と呼ばれるものです。

私はそんな内輪の、しかもオフレコの懇談会をするくらいなら、会見をもっとしてほしいと思いました。このような菅さん流のマスコミ懐柔策を持ち出され、番記者はなぜ怒らないのか？　それを東京新聞の番記者に問いただしたところ「いや、実はパンケーキ懇談を喜んでいる記者のほうが多い」と聞き、私は愕然《がくぜん》としました。

森　パンケーキはともかくオフレコの朝食懇談会は、歴代の首相も行なっていたようだけど？

望月　ただ、過去の懇談会は一社ひとりが大前提。ところが菅さんは番記者全員と名刺交換をしたい、だから全員と懇談したいと。さすがに五八人との懇談を一回でやるのは難しいので二回に分けて行なうということになりましたが、二回めは中止になりました。

番記者の人たちは「首相が自分たちの名前を覚えようとしてくれている」と喜んでいたそうです。結局、一九社に懇談会参加の声がかかり、参加しなかったのは東京新聞と京都新聞、そしてぎりぎりで朝日新聞が参加を見合わせました。朝日の懇談会欠席はほぼ同時期に出てきた日本学術会議の任命拒否問題[*3]での首相の答弁の姿勢に異議を唱えるものでした。

パンケーキ懇談で番記者たちが任命拒否問題に関して首相から何かを聞き出し、それが記事になるくらいのことがあればまだよかったと思いますが、本当に何の中身もない、パンケーキを一緒に食べるだけの朝食会だったようです。

質問の事前通告という倒錯

森　これは僕も含めてだけど、一般人の立場として首相や官房長官の記者会見を見ているとなかなかわかりづらいところがあります。特にわかりづらいのが事前通告のルール。総裁選のときの望月さんの質問「首相になったとしたら都合の悪い質問をされたとしてもしっかりお答えいただけるのでしょうか？」などは、事前に伝えていないですよね。

望月　そうですね。

森　そもそものルールとして、首相や官房長官の記者会見において、記者たちは質問を事前に通告しなければならないのですか。

望月　菅さんが首相になってから記者会見の司会をしていたのは史上初の女性内閣広報官となった山田真貴子さん（二〇二一年三月からは小野日子《ひかりこ》さんが代わって就任）です。うち（東京新聞）の番記者に聞いてみたところ、首相の記者会見の前に、官邸報道室は、各社の質問を細かくチェックしていたらしいです。

森　それ、文書ではなく口頭のチェックですよね。

望月　そうです。それで実際に記者会見で事前にチェックしたものとは違う質問をすると「なんで違う質問をするんですか！」と言われると。このような事前チェックが今やすっかり慣例化されてしまっています。うちの番記者は官邸報道室に聞かれても返答を断っていますが、そうすると記者会見で質問者として当ててもらえません。朝日新聞も「応じられません」と断っているから当ててもらえない。その他にも事前に通告をしても、その質問内容が厳しいものだと当ててもらえないとも聞いています。

森　要するに、事前に質問をチェックして、答えたくない質問は排除しているということになります。

望月　このような質問者の偏りはおかしいと私もツイッターで何度かつぶやきましたけど、今のところまったく変化はないですね。

森　官邸サイドからメディアに対しての圧力は昔からあります。二〇一四年に「クローズアップ現代」の国谷裕子《くにやひろこ》キャスターが国会で強行採決した集団的自衛権関連法を取り上げた放送で、当時官房長官だった菅さんに「なぜ今まで憲法では許されないとしてきたことが容認されるとなったのか」「非常に密接な関係のある他国が強力に支援要請をしてきた場合、これまでは憲法九条で認められないということが大きな歯止めになっていましたが、果たして断りきれるのでしょうか」など踏みこんだ質問を重ねたとき、放送終了後に官邸から抗議がきて、最終的に国谷キャスターは番組を降板した。もちろんNHKが公式にそう発表したわけではないけれど、抗議があったことは確かです。ならばその段階でアウトです。メディアに質問されて抗議する政治権力などありえない。最近も「ニュースウォッチ9」の有馬嘉男《よしお》キャスターが菅首相に日本学術会議任命拒否問題について質問したら（二〇二〇年一〇月の放送）、その後官邸から事前の質問項目にないことを質問したと抗議がきたと噂《うわさ》され、結局二〇二一年三月に有馬キャスターは降板しました。この件については圧力があったかどうかは明確にはわからないけれど、一二月一二日付の朝日新聞が、坂井学官房副長官がこの件で「（NHKは）ガバナンスが利いていないのではないか」「NHK執行部が裏切った」と強い不満を表明したことを明らかにしています。ならば仮に直接的な抗議がなくても、NHK側の忖度《そんたく》が働いた可能性は大いにある。まあ僕は、こうしたケースのほとんどの場合は、圧力と忖度の相互作用だと思っています。

　自分たちの意に沿わないメディアに圧力をかける官邸の体質は、安倍政権時代も含めてまったく変わってない。有馬キャスターに対して事前通告がなかったと怒ったこととNHKが屈したことが事実なら、それは日本のメディアと政治の距離をとても明確に示しています。これでは政治権力のチェックという最重要な使命を果たせるはずがない。

望月　私は社会部の記者としていろんな大臣の会見に行っています。でも、官邸の外に出て、各大臣の会見に参加しても質問を事前チェックされることは滅多にありません。麻生《あそう》太郎財務大臣や井上信治《しんじ》内閣府特命担当大臣の会見に行っても、そうでした。

ただ先日、上川陽子法務大臣の記者会見に参加したときは官邸と同じような対応をされました。ちょうど、入管法改正案（出入国管理及び難民認定法等の一部を改正する法律案）を巡り、国会で討論が続き、法務省はかなり神経をとがらせていましたが、二〇二〇年に検察庁法改正法案が見送りになった一年後の、同じ五月一八日に、支援団体や弁護士、世論の強い反発を受けて衆院での法案成立の見送りが決まりました。これまで法務省の会見に行ったことはなかったのですが、上川大臣の会見に出てみると、会見に参加している記者たちに事前に質問を通告させているようでした。秘書官の検事から「他社は事前に通告してもらっていて、大臣は官僚答弁するだけでなく、事前にその答弁には自分なりの手を入れている」と言われていましたが、社会部記者が多い法務省でも事前の質問通告が慣例化していることを知りショックを受けました。

森　つまり、この手法が拡散している。それは問題です。

望月　政治部記者だから政治家の顔色をうかがって、事前通告の要請に応えているのだろうが、本来会見は権力者とメディアの真剣勝負の場だからそれはないよな、とこれまで思って官房長官会見に臨んでいた私からすると、それはショッキングな光景でした。

官房長官会見だけではなく、安倍前政権の七年八ヵ月の中で、社会部系の記者が多い法務省の大臣会見までも事前通告を「慣例」として、当然の如《ごと》く受け入れていました。

東京新聞の法務省担当は、亡くなった市川隆太記者含め、権力に嚙《か》みつく記者が少なからずいました。担当していた記者にも確認しましたが、昔は事前通告はまったくやっていなかったそうです。おそらく安倍前長期政権での首相会見や官房長官会見の空気が、官邸だけでなく、霞《かすみ》が関《せき》全体にまん延しているのだろうなと感じました。

私は「それはできません。そんなことをやっているからダメになるんです」との趣旨で事前通告を断りました。法務省は、望月だからそれはそうかと思ったのか、その後、事前通告を求めることはなくなりましたし、それでもしっかりと上川法相が答えてくれています。権力との馴れ合いを許すかどうかは、記者の気構えでどうにでもなると思うので、事前通告は当たり前という習慣は本当に変えていってほしいです。

上川法相は自身の考え方をちゃんと持っている人だと思いますし、言葉の伝え方も菅首相とは違って上手なので、質問の事前チェックなどしなくても対応できるはずです。でも、大臣の周囲の官僚たちは「大臣の答弁にミスがあったら困るので自由な質問はなるべくしてほしくない」と思っているのかもしれません。変な答弁になった場合、責められるのは法務省になりますから。

問題は、「事前の質問チェック」をほとんどのメディアが受け入れてしまっていることです。首相や大臣、官房長官などにきちんとした答弁をしてもらいたいという気持ちはわかります。でも、メディアと政府はある程度の緊張関係を保っていないといけない。当たり障りのない質問と答弁だけが繰り返される出来レースのような記者会見では、政治権力の暴走に拍車をかけるだけです。

記者会見は記者クラブで仕切れ

森　最大の問題というか根源は、会見を「誰が仕切るか」という論点です。『i―新聞記者ドキュメント』においても問題提起をしたけれど、記者会見の主催者は記者クラブです。ならば記者クラブや記者会が場を仕切り、司会も記者クラブ側が立てるべきです。べきというか当たり前。でもそうなっていない。主催とは名ばかりで、イニシアチブはすべて官邸にグリップされている。

望月　以前、中曽根康弘さんが首相をしていたころの記録を国会図書館で調べたことがあります。首相会見の記録も手書きの文書で残っていて、司会は記者クラブの人間が務めていました。

会見は長いものでは、一時間くらいは行なわれていて、記録を見ると記者たちもしっかり質問しているし、中曽根さんもちゃんとそれに受け答えをしている。三度目の緊急事態宣言下にある二〇二一年五月上旬時点での菅首相の会見は「質問は一社一問」と限られ、答えが不十分な場合でも追加質問、いわゆる「さら問い」は認められていません。質問は重ねて聞くことでより権力者側の意図が露《あらわ》になりますので、さら問いを認めないという姿勢が続いているのは、やはり異常だと感じます。

政治が国民のためにあるのならば、首相や官房長官の会見は中曽根さんの時代のように、一刻も早く記者クラブ側が仕切るようにすべきだと思います。でも、そういった動きが各新聞社側からなかなか出てこないのが実情です。

森　二〇二一年一月に二度目の緊急事態宣言に七府県が追加された直後の記者会見で、質問を希望して挙手している記者がいたのに司会者は「(首相は)次の日程がある」と強引に会見を打ち切りました。国民すべてが切実な問題として注目する新型コロナに関する重要な会見を途中で止《や》めなければならないほどに重要な「次の日程」とは何だろう。翌日の首相動静には、その後に一五分程度で終わった打ち合わせが記されていました。たった一五分。ならば打ち合わせではなくて報告だよね。いくらでも後ろにずらせるはずです。次の日程というエクスキューズを使うために設定しておいたのかと思いたくなる。バカにするなと記者たちは怒るべきです。官邸側に仕切りを任せているからこうしたことが起きてしまう。まずは主導権を記者クラブ側が取り戻さないと。

望月　今現在、反論を述べない新聞社、あるいは番記者たちにしても、本音では質問できる権利を取り戻したいという人のほうが多いと思うんです。内閣記者会（官邸記者クラブ）の総会を開いて、そういったことを議論すればいいのですが、その総会も設立以降一度も開かれていないと聞きます。

森　明治時代に記者を締め出そうとした帝国議会に対抗するために、記者クラブは設立されました。最初の理念は間違いではなかった。でもその後に翼賛クラブ化して権力に利用されるようになった。排他性も問題です。日本以外の多くの国のプレスクラブは、外国人特派員協会がまさしくそうだけど、雑誌やウェブ媒体の記者、フリーランスのジャーナリストの入会が可能です。日本以外にこうした排他的な記者クラブを持つ国は、中央アフリカのガボンとかつてのジンバブエ、あるいはミャンマーくらいだと聞いたことがあります。民主党政権下では記者クラブ解体の方向が少しだけあったけれど、安倍政権になってからは元通りというか、前よりも締め付けが強くなった。政治権力をしっかりと監視していくために、今の記者クラブの在りかたは一刻も早く変えるべきです。

失われた政治家の雅量

森　菅首相が師と仰ぐ梶山静六《せいろく》は、番記者たちを集めて「世間やメディアが自分に対してどのような批判をしているか」を聞く会を開いていたといいます。自分を批判する者、意見してくる者を即刻排除しようとする菅首相は、なぜこうした遺伝子を引き継がなかったのだろう。

望月　菅さんは師匠である梶山静六さんを尊敬してるはずなんですけどね……。

森　政治家を狭量にしたのはＳＮＳの普及によるところも多いと思う。これはメディアにも同じことが言えるのだけれど。

かつて僕はテレビディレクターでした。インターネットが今のように普及していない時代だから、番組に対する世間からの評価や反響は、視聴者からのクレーム電話は別にして、ほとんどわからなかった。しかも一回オンエアしたら基本的には終わり。一過性です。番組の反響は視聴率で判断するしかない。でも今は、ＳＮＳなどで瞬時に世間の反応を知ることができます。配信サイトも増えて動画の再現性も高い。オンエアしたら終わりという時代ではなくなった。だからこそ評価や反響が気になる。つまりポピュリズムが強く発動します。

今の政治家も、自分の発言を世間の人たちがどう感じているのか、その気になればすぐに知ることができます。かつてのように翌朝の新聞を待たずとも、ネットを見ればさまざまなメディアの情報、意見がわかる。批判を恐れて当たり障りのないことしか言わなくなる政治家が増えることは当然です。

望月　次期総理大臣候補のひとりである河野《こうの》太郎衆議院議員は、ツイッターのフォロワー数が二三〇万人を超えています。これだけのフォロワーがいれば、当然ですが自分に対する意見も賛否両論いろいろ出てくるでしょう。でも河野さんは大きく構えていればいいのに、自分への批判や反対意見を言う人を見つけては軒並みブロックしているそうで、私の知り合いの記者も何人かブロックされてしまいました。

河野さんがブロックを始めたのは、石破派の平《たいら》将明衆議院議員からそのようなアドバイスを受けたかららしいですが。いわれのない誹謗《ひぼう》中傷をしてくる人をブロックするのはわかりますが、私の知り合いの記者たちは適切に意見を述べているだけなのにブロックされてしまいました。あらゆる人の批判も受けてこその公人という立場にありながら、半ば「気に入らないからブロックした」というようなやり方は、自分の評価を自ら貶《おとし》めているだけだとなぜ気づかないのか不思議です。

森　聞きたくない声に対しては耳をふさぐ。番組に出演した後に局に抗議したり、事前通告に応じなければ質問を採用しないという今の政権と位相は同じですね。

望月　菅さんが官房長官だったころ、菅さんに物申した自治税務局長の平嶋彰英《あきひで》氏が出世コースから外され、自治大学校長に異動させられてしまいました。いずれは事務次官になると言われていた方です。

官房長官時代に私の質問を一切受け付けなかったこともそうですが、気に食わない人間はとことん遠ざけようとする性格なのでしょう。当然、菅さんの周囲の人間は彼に対して意見は言えなくなってしまいます。安倍さんにしろ、菅さんにしろ、自分に異を唱える人間はそうやって排除してきたわけです。イエスマンに囲まれた裸の王様が国を取り仕切っている。それが令和の日本なのです。

数字に安易に左右される政治とメディア

望月　二〇二〇年七月二二日からＧｏ　Ｔｏトラベル事業[*4]が東京を除く全国で始まり、一〇月一日には東京都も対象に追加され本格的に国内キャンペーンが展開されました。しかし、一一月に入ってから全国の都市部で感染者数が急増。日本医師会や新型コロナウイルス感染症対策分科会は早い段階からGo Toトラベルを見直すべきだと提言していましたが、政府はなかなか重い腰を上げようとはしません。分科会の専門家から「いくつかの都道府県では早晩ステージ3に至る可能性が高い」と指摘があり、政府は一一月二一日、感染が急拡大していた札幌《さっぽろ》市と大阪市、さらに東京都や名古屋市、広島市での運用見直しをやっとのことで決定しました。
しかしその後も感染拡大は止まらず、一一月二四日には菅総理と小池百合子東京都知事の緊急会談なども行なわれましたが、菅さんは「Go Toトラベルを停止する」とは言いません。ただ、これは菅さんの一存ということではなく、Go Toトラベルを推進していた自民党の二階俊博幹事長の意向が多分に影響していたのだと言われています。
北海道の旭川では市内の病院で四〇〇名を超えるクラスター（感染者集団）なども発生。全国各地で医療逼迫《ひっぱく》が問題となっても政府と北海道の鈴木直道知事はGo Toトラベルを止めようとはしません。結局、菅さんが「全国を対象にGo Toトラベル事業を一時停止する」と表明したのは一二月一四日になってからでした（新型コロナウイルス感染症対策本部会議の冒頭に発表）。
森　菅首相の発表は本当に遅かったけど、あれだけ聞く耳を持たなかった政府が一転して停止を表明したきっかけは何だったのかな。分科会が機能したと思いたいけれど。

望月　菅政権が動いたのは結局、支持率の急落でした。発表前々日の土曜、日曜に毎日新聞とＮＨＫの世論調査の結果が相次いで出ました。毎日新聞の調査では初めて支持・不支持が逆転し、支持率が一七パーセント下落、ＮＨＫの調査でも支持率の逆転こそしていませんでしたが前回の調査よりも一四ポイントも下がりました。

メディアがあれだけ批判しても動かなかった菅さんは頑固といえば頑固ですが、そんな彼を翻意させたのは世論の声、支持率でした。菅さん自身、自分の言葉を持たず、首相としての華や求心力といったものがありません。二階さんの後ろ盾もありやっていられる。そんな脆弱《ぜいじゃく》な基盤を自覚しているし、やはり最後は政治家ですから世論の支持率次第で動く、嫌でも動かざるを得ないということでしょう。それゆえの、Ｇｏ Ｔｏトラベル一時停止表明だったと思います。

森　政権における支持率は、テレビにおける視聴率と同じです。下がれば路線や方向を変えざるを得ないし、もっと下がれば打ち切られる。もちろん視聴率に一喜一憂することなく高い志を持って番組を作る制作者は、少数派ではあるけれど存在します。でもテレビ局は、これは新聞社も出版社も同じだけど、営利企業です。視聴率や部数を否定することは絶対にできない。視聴率が一〇パーセントと二〇パーセントの番組では広告料もまったく違ってきます。スポンサーも、テレビ局も、世間の人たちに見てもらうことによって生活の糧を得ているわけですから、視聴率が悪いのであれば「路線をちょっと変えよう」となるのはやむを得ないことです。

望月　テレビの中でもエンタメ系、バラエティ系の番組はそれでいいかもしれませんが、ジャーナリズムを追求する報道系の番組はそれでは困りますよね。数字にはならないものもちゃんと取り上げていかないと。

森　もちろんそうです。例えばＴＢＳで長く続いている調査報道の代名詞のような番組である「報道特集」。かつては調査報道を銘打つレギュラー番組はたくさんあったけれど、今では「報道特集」とＮＨＫの「クローズアップ現代」くらいです。少なくなった理由は多くの人が興味を示してくれないから。でもメディアには営利だけではなくジャーナリズムの機能も求められる。市場原理だけではダメなんです。公共放送であるＮＨＫの存在意義はここにあるのだけど、今のＮＨＫ報道が視聴率や政治からの圧力に対して毅然《きぜん》としているかといえば、まったくダメですね。

「世界」（岩波書店）二〇一六年五月号に、「クローズアップ現代」を降板したばかりの国谷裕子さんが寄稿しています。降板については直接的に触れてはいないけれど、政治家など権力者に対して批判や質問を重ねたとき、多くの視聴者から「失礼だ」などと批判が湧きあがることについて言及しています。政治権力からの抗議以前に、こうした社会の同調圧力的な風にメディアが屈してしまう。重要な指摘なので引用します。

世の中の多くの人が支持している人にたいして、寄り添う形ではなく批判の声を直接投げかけたり、重要な点を繰り返し問うと、こういった反応がしばしばおきる。しかし、この人に感謝したい、この人の改革を支持したいという感情の共同体とでも言うべきものがあるなかでインタビューする場合、私は、そういう一体感があるからこそ、あえてネガティブな方向からの質問をすべきと考えている。

想像だけど、国谷さん降板の背景には、こうした声が局に寄せられたこともあったのではないかな。「国益を損なう」という常套句的《じょうとうくてき》な批判に対しては、国谷さんは以下のように述べています。

この言葉もとても強い同調圧力を持っている。本来ならば、どう具体的に損なうのかと問うべきときに、その問いさえ国益を損なうと言われてしまいそうで、問うこと自体をひるませる

力を持っているのだ。

ジャーナリズムは市場原理と相性が悪い。時には相反します。だからこそ組織メディアは、これを同一視してはならない。実際に欧米のメディアはそのように機能しています。でも日本の場合は機能しない。なぜか。株式会社なんです。それは欧米も同じだけど、日本の場合は多くの記者やディレクターが、ジャーナリストではなくて忠実な社員になってしまっている。ならば会社の利益、つまり視聴率や部数の優先順位が高くなることは当たり前です。

まともな質問をする記者が叩かれる時代

森　『i―新聞記者ドキュメント』を撮っていた二〇一九年は、望月さんに対して一部の自民党議員やネトウヨ（ネット右翼）たちからの風当たりがとても強かった時期でした。撮っている側としてはありがたいけれど、被写体だった望月さんは大変だったと思う。

望月　あのころは官房長官定例記者会見には参加していましたが、私にだけは二問の質問制限があったため追及も徹底してやれず、その分、政府から叩かれたという感じはさほどありませんでした。産経新聞に書かれることも減りましたから。それよりも初めて定例会見に参加した二〇一七年から二〇一八年にかけてが一番大変でしたね。会社には「望月を出せ」と脅しのような電話もかかってきていましたし。あのころの政権支持者たちからのバッシングに比べれば、今ははるかにマシですね。ツイッターへの反発は相変わらずですが……。

森　二〇二一年一月二七日の参院予算委員会で蓮舫《れんほう》参議院議員が菅首相に「そんな答弁だから言葉が伝わらないんですよ」と発言して、首相が「少し失礼じゃないでしょうか」と気色ばむシーンがありました。あの後、蓮舫議員も政権支持層にネットでずいぶんと叩かれたみたいだけど。

望月　そうですね。私もそうでしたが安倍さんや菅さんに物申す態度を取ると「首相も一生懸命がんばっているのに何を言っているんだ」と過剰に反応する人たちが必ず出てきます。相変わらず、そういった支持層が一定数はいるんです。

森　ジャーナリストが権力者に対して批判的な姿勢を見せると、非礼だとか生意気だなどとその権力者を支持する人たちから攻撃される。まさしく国谷さんが指摘した状況ですね。ジャーナリズムの最大の使命である権力監視の意味がわかっていない。でもわかっていないという意味では、メディアの側もわかっていない。蓮舫議員が菅首相に質問する国会中継はたまたまネットで観ていました。問題になったやりとり以外にも、蓮舫議員は重要な質問をかなりしています。でも彼女が「そんな答弁だから言葉が伝わらないんですよ」と言ったとき、夜のニュースではここだけが使われるだろうなと思いました。結果は予想どおり。もちろんあらゆるメディアにおいて情報の取捨選択は不可避です。何を削って何を残すのか、ここにメディアの視点や意識が現れるのだけど、特に最近は煽情的《せんじょうてき》で下世話になっていると感じます。ジャーナリズムの文法ではない。

望月　知り合いの報道番組ディレクターから聞いた話だと、蓮舫さんと菅さんの一件の後、上司から「国会では蓮舫だけ撮っとけ」と言われたそうです。わかりやすい絵になるし、視聴率が取れるからなんでしょう。でも、それは本来の報道の在りかたとしては絶対に間違っています。

私たちジャーナリストも、野党の議員も、与党政治家に対して厳しい追及は必要だとは思います。でもその中で、政府が何をしようとしているのか、あるいは新たな施策に繋《つな》がるようなものを引き出せているのかどうか、それを常に心に留めておく必要があると思います。

「学問の自由」を侵す日本学術会議問題

森　特に第二次安倍政権から菅政権と続くこの九年で、この国の政治とジャーナリズム、あるいはアカデミズムの関係が大きく歪《ゆが》みました。まあそれまでも大学に対する軍事研究のバイアスなど、健全とはとてもいえなかったけれど、急激に歪みが加速したと感じています。その典型が日本学術会議問題です。

望月　問題が発覚してすぐに森さんたちは声明を出しましたよね。

森　うん。映画監督有志として二〇二〇年一〇月五日、「日本学術会議への人事介入に対する抗議声明」を発表しました。任命拒否は「学問の自由」だけではなく「表現や言論の自由」への明確な侵害である。その怒りを声明として発表しようと声をかけられたのだけど、僕たち映画関係者は、あるいは映画だけではなく舞台や活字や絵画や音楽など表現行為に関わる人の多くは、直接的なメッセージを示すことに対して気後れがあります。主張は作品ですべきであるとの意識があるからなのかな。規範というよりも生理に近い。なんとなく気が引ける。サルトルが提示したアンガージュマン、あるいは村上春樹の語彙ならコミットメント。これをいまだに完全にクリアできない。だからこういうときは毎回悩みます。でも日本学術会議問題のときは、僕以外にも青山真治《しんじ》さんや是枝裕和《これえだひろかず》さん、塚本晋也《しんや》さんに金子修介さんなど二二人の映画関係者が声明に名を連ねた。やっぱりこれはいくらなんでも、という思いが強かったのだと思う。

2020年10月21日。国会内で開かれた日本学術会議が推薦した新会員候補6人を菅義偉首相が任命しなかった問題の野党合同ヒアリングに臨む映画監督の森氏。
写真：毎日新聞社/アフロ

その後も菅首相から任命拒否の理由について説明は一切なく、世間やメディアも忘れかけているけれど、国家権力がアカデミズムの領域を明確に侵犯したこの問題は、絶対に看過してはいけないと思っています。メディアに慢性的に圧力をかけてきたからこそ、その延長でアカデミズムにも安易に圧力をかけたとの見方もできる。いずれにしても歴史認識も含めてアカデミズムを軽視するこの姿勢は、今の政権与党の大きな特徴です。それが明確に現れたのがコロナ対策。感染症対策分科会も含めて専門家の意見を、菅政権はほぼ蔑《ないがし》ろにしています。その帰結としてこれほどに対策が遅れてしまった。最近では五輪開催に関して「普通ではない」と明言した尾身《おみ》茂《しげる》分科会会長に対して菅首相が激怒したとの報道がありました。そういえばこの日本学術会議問題について菅首相に質問したことで降板させられたとの噂がある有馬嘉男キャスターは、この六月に新設されたヨーロッパ副総局長というポジションに就任しました。なぜわざわざ新設するのだろう。あまり裏読みしないほうがいいとは思うけれど、いろいろ疑問です。

望月　そもそも日本学術会議設立の趣旨を踏まえれば、政府のやっていることに対して勧告したり助言したり、政策提言したりするという位置付けがあるわけです。政府をある意味、批判的な視点で見守っていくのが日本学術会議のあるべき姿なのに、官邸側は「一〇億もの税金を使っている。会員は準公務員なのだから政権の決定に従うべきだ。憲法一五条に基づいて任命拒否権は首相にある」と言い逃れをしています。

この官邸側の言い訳は、少し考えれば「おかしい」と気づくのに、世論調査の結果では「問題だ」とする意見と「まったく問題ない」とする意見が拮抗《きっこう》している。ある一定の層には官邸側の言い訳が「わかりやすい」として受け入れられてしまっているのです。

日本学術会議の在りかたを検討する自民党プロジェクトチームの座長である塩谷立《しおのやりゅう》元文部科学相にはぶら下がりとして私もたびたび質問をしています。その場には各社の政治部の記者たちがぶら下がりとして塩谷さんにたくさん付いていていますが、彼らはスケジュール的なことしか質問せず、今回の問題の本質的な部分を突こうとはしません。

任命拒否の問題はそもそも日本学術会議法違反にあたりますし、憲法二三条の「学問の自由」にも違反しています。プロジェクトチームで日本学術会議の在りかたを討論するのは、そういった諸問題をクリアしてからではないか？　私はそういったことを塩谷さんに質問するのですが、塩谷さんは「それは総理の専権事項ですから」と逃げ口上しか言いませんし、現場の他の記者たちからは「何だ、この失礼な女は」と白い目で見られるばかりで。

官邸側は一〇億、一〇億と騒いでいますが、そもそも日本学術会議の予算は毎年年末になると足りなくなっています。山極壽一《やまぎわじゅいち》前会長のときも、予算が底を突いてしまったので「自腹を切ってやっていってほしい」「手当てを辞退してほしい」というようなお願いの通達を全会員にしたそうで、それと似たようなことが毎年繰り返されています。「一〇億も税金の無駄遣いをしている」という人たちもいますが、実際には予算はまったく足りていないのです。これだけの低予算で政府に提言をしている科学者コミュニティというのは、先進国では他にないのではないでしょうか。

官邸側から出る言い逃れは露骨なくらいの話のすり替えで、意見としてまったく破綻しています。でもそんな言い分が通り、今に至ってしまったという悔しさが私の中にはあります。

森　戦前に発生した京都帝国大学法学部の滝川《たきがわ》事件[*5]では、国の姿勢が大学の自治を侵害するものとして、同学部の全教官が抗議のために辞表を提出しました。その意味で僕は、現在の学術会議側に対しても、当事者意識が少し薄いのでは、という気がしています。

もう一回整理するけれど、政府が法を改正せずに必要な説明をしないまま解釈変更を行なったことに、この問題の根源があります。そしてそれは、集団的自衛権に関する憲法解釈を閣議決定で変えたり、検察庁幹部の定年延長に関する法解釈を政府見解だけで変えたりしてきた安倍政権のやり方を踏襲しています。ルールを変えるならその理由を説明しなければならない。それは行政府に与えられた義務です。ところが説明しない。例えば、集団的自衛権の解釈変更について安倍首相は、あらゆる事態を想定して国民の命と平和な暮らしを守るために切れ目のない安全保障法制を整備する必要があると説明したけれど、旧ソ連の何十発もの核ミサイルが日本国内の米軍基地に照準を定めていた冷戦期も含めて戦後ずっと続いてきた政策を、なぜ今変えねばならないかの説明になっていない。こんな状態がずっと続いている。質問すべきメディアが機能していないからです。

今のこの国の報道について考えるとき、懲罰的な傾向が大きくなっていることが僕は気になります。事件や事故や疑惑を伝えるとき、加害側にいる人や組織を吊《つ》るし上げて怒りを焚《た》きつけるように報道して、その炎が大きくなるように薪《まき》をくべる。そして晒《さら》す。要するに江戸時代の市中引き回しですね。その役割をテレビや週刊誌が担っている。最近は神社の賽銭《さいせん》泥棒の映像をテレビはよくオンエアするけど、モザイクを付けているとはいえ、晒してやるとの本音があからさまで、見るたびに僕はうんざりします。そもそも日本のモザイクは、アイデンティティをカバーする機能を持っていない。近親者なら特定できてしまう。

確かに報道は、結果として社会的制裁の役割も担います。でもそれは、あくまでも副次的要素のはずです。ところがそれが前景化しすぎている。ならば言わねばならない。ジャーナリズムは懲罰機関ではない。報道機関です。

結果として自分たちの報道が社会的な制裁を担っていると感じることで、自分を正義の側にいると勘違いする記者が多くなる。記者会見などで時折いますよね。謝罪会見する人や組織を激しく罵倒して糾弾する記者。自分を正義の側に置けば、葛藤や後ろめたさが消えてしまう。中立公正不偏不党というドグマに結びつきやすくなる。そのスタンスは絶対に違う。記者が現場で感じた怒りや悲しみ、それがジャーナリズムの基盤です。主観であることをしっかりと意識すること。だからこそ、できる限りは公正で客観的であろうと努めること。でも絶対に一〇〇パーセントの客観性や中立性など実現できないと意識すること。矛盾です。その後ろめたさをうじうじと維持し続けること。これが重要だと思うんです。

望月　ある政治部の記者に「望月さんはいろんな現場を見ているから、怒りも使命感も湧いてくる。ずっと政治家に付きっ切りの自分たちは、そのような気持ち、モティベーションを保ちづらい」と言われたことがあります。彼らには自分の思うように動けないジレンマがあるのかもしれません。

危機を煽《あお》り、利用してきた安倍・菅政権

森　安倍政権から菅政権に続く流れはひとつの繋がりだと捉えたほうがわかりやすい。路線はほぼ同じです。その典型は安倍政権がスローガンとして頻発した「国民の命を守り抜く」に現れている。守り抜くと宣言するということは、守り抜かねばならないほどに危険な存在がこの国と国民を脅かしているということを意味します。つまり見方を変えれば、このスローガンは国民を脅しているわけです。こうして過剰な危機管理意識が発動する。もちろん、本当に危機的な状況なら、このスローガンに異を唱えるつもりはない。しかし現実はどうか。例えば北朝鮮のミサイル発射実験のときのJアラート[*6]が典型だけど、明らかに危機を過剰に煽っています。だってあれは実験です。ミサイルに火薬は搭載されていない。そもそも日本上空を通過するとき、ミサイルの高度は国際宇宙ステーションよりはるかに上でした。つまり宇宙空間。ところ

が破片が落ちてくるとか激突したら大惨事になるなどと、政府とメディアは連携して不安や恐怖を煽る。

数年前に北朝鮮の平壌《ピョンヤン》に行きました。独裁体制を維持するために政権は、国民に対してアメリカという仮想敵の存在をこれ以上ないほどに煽ります。祖国解放戦争勝利記念館に行ったけれど、凶暴で理不尽で残虐な国であるアメリカというプロパガンダが全面的に展開されている。要するに朝鮮戦争のときとまったく変わっていない。しかも国外とはネットも含めてほとんど情報の行き来がないから、国民はその真偽を判定することができない。メディアが機能していないから言われるままです。

北朝鮮からは仮想敵国に設定されるアメリカも、9・11後のブッシュ政権はイラクを仮想敵国に設定して、同じ手法を使いました。フセイン政権は大量破壊兵器を使ってアメリカや他の国々に壊滅的な被害を及ぼすとのプロパガンダです。しかもこれは誇張のレベルではなくまったくの虚偽でした。不安と恐怖が高まれば対外的に強硬でマッチョな政治家の支持率が上がります。イラク侵攻が示すように先制攻撃が正義になる。安倍政権があれほどに長期間続いた理由のひとつは、国民の不安と恐怖を絶え間なく刺激し続けたからです。危機管理意識が高揚したからこそ、アメリカという大樹により強く依存したくなる。最新鋭の武器をもっと多くほしくなる。集団的自衛権を求め、安全保障関連法が強行採決された。その手法は菅政権も踏襲しています。

望月　ミサイルの件も含めて、政府は「北朝鮮が危ない」「中国は危険だ」と国民の恐怖心をいたずらに煽り、それを政権支持に利用してきた感じですよね。

森　今の中国やロシア、北朝鮮やミャンマーも含めて、危険な敵の存在を煽りながら不安と恐怖を刺激し続けるプロパガンダは、独裁的な政治権力が統治のために使う常套手段です。共通項はメディアが機能していないこと。だからこそプロパガンダが有効になる。そのために独裁的な政治体制の国は、組織メディアの牙を抜くだけではなくフリーランスのジャーナリストも標的にする。ブッシュ政権がイラクに武力侵攻したとき、大量破壊兵器を保持しているとの政府の発表をアメリカのメディアはそのまま報道して戦争を追認した。つまりあの時期のアメリカのメディアは、9・11の衝撃で機能停止していた。でも多くのメディアがその後に自分たちの過ちを認めて、政権批判に転じました。アメリカは問題の多い国です。腕力が強いのに臆病で、自分たちの価値観を他国に押し付け、正義や連帯が大好きで間違いばかり犯す。でも民主主義と情報公開とジャーナリズムについては、最終的には筋を通す国だと感じています。なぜなら多民族・多言語・多宗教であるからこそ、復元力が強い。間違いは多いけれど、その間違いを認めて検証する。

これに対して、日本の場合は復元力がほとんど働かない。行ったら行きっぱなしです。中国や北朝鮮など強権的な独裁制とは違うはずなのに、忖度や自己規制でメディアが政治権力に対して萎縮して、結果として独裁的な政治体制下であるかのように権力監視が機能しない状況がずっと続いている。つまり自発的隷従であり自由からの逃走ですね。


望月　安倍首相が辞任し、自民党総裁選を行なっている最中に、メディアは菅首相ありきを前提に、次の菅政権の組閣人事の予想に躍起になり、討論会の内容なども積極的に報じているようには見えませんでした。ああいった報道姿勢も反省しないといけませんよね。

ただ北朝鮮の問題に関しては、アメリカにも非があると思っています。大規模な米韓の軍事演習は年に二回行なわれていますが、この中で金正恩《キムジョンウン》委員長の暗殺を前提にした演習、夜間の爆撃訓練なども行なわれています。

米紙の一部報道で金委員長はアメリカに対して内々にそういった一部の訓練はやめてほしいと打診していると報じられました。しかし、アメリカはその申し出をまったく無視して暗殺計画を含めた演習を続けている。

森　イラクのサダム・フセインやリビアのカダフィ大佐、ルーマニアのチャウシェスク大統領、さらにはヒトラーやムッソリーニなど、独裁者の最期はいずれも悲惨です。金委員長が心安らかになれないのも当たり前。そうなる前に権力を手放せばいいのに、と思うけれど、その時期はもう逸したのかもしれないな。

望月　そうなのです。だからアメリカの出方、関係性を窺《うかが》うかのように、北朝鮮はミサイルの発射実験を続けています。

私も菅さんが官房長官だったときに北朝鮮との関係について質問したことがありますが、菅さんは「北朝鮮に圧力をかけ続ける」としか言いません。圧力をかけ続けて北朝鮮との関係は悪化の一途をたどっているのにそれを正そうともしない。これこそまさに、先ほど森さんが仰った「危機を煽り、国民の不安な感情を利用してきた」安倍・菅政権の典型的なやり方です。

ちなみに、菅さんにその質問をした際は、産経新聞のニュースサイトに取り上げられ、その後、私はSNSなどで「望月衣塑子は北朝鮮のスパイだ」と相当叩かれました。しかし、政権の支持率が低迷する中で危機を煽り、支持率アップに加担するメディアとはいったい何なのかと、このようなことがあるたびに考えさせられます。

森　僕もネットに中共とか北朝鮮のスパイだと書かれたことがあります。何だろうねスパイって。まあそれはそれとして、メディアがあれほどに加担しなければ、政権がこれほど無邪気に危機を煽ることはできなかったと僕も思う。

望月　確かにそうですよね。本質的なことから逸《そ》れて、政府の広報みたいになってしまっているメディアがいくつもあります。

森　軍部による大陸進出が始まりかけたとき、大阪朝日新聞や東京日日（現在の毎日）新聞は軍部に対して批判的でした。でも多くの国民が国家の方針に抗《あらが》うなどけしからんと反発して不買運動が起きる。結果として二紙は戦争翼賛の方向に舵を切ります。あるいは信濃毎日新聞の主筆だった桐生悠々《きりゅうゆうゆう》は、「関東防空大演習を嗤《わら》う」と題する軍部批判の記事を書いたことで、軍部や国民から激しく批判されて退社しています。

当時の新聞が最初から国家に対して弱腰だったわけではない。でもマーケットである国民からの不買運動には勝てない。やはり市場原理です。そこに政治権力や軍部が便乗する。そう考えれば、今の「政府とメディアと国民の関係性」は、二〇世紀前半の大日本帝国時代とあまり変わっていません。北朝鮮に拉致された人たちの安全を本当に考えるのであれば、「圧力だけで本当にいいのか」という議論がまずなされるべきです。僕は北朝鮮との関係は国交正常化がまず大前提であり、人や情報の流通を促進しながら問題解決の道を模索すべきだったと思います。圧力をかけ続けるだけでは、拉致された人の身を逆に危険に晒すだけです。

「北朝鮮による拉致被害者家族連絡会（家族会）」の事務局長・副代表を務めた蓮池透《はすいけとおる》さんは、当初は非常に攻撃的で北朝鮮に核攻撃せよとまで言った時期があるけれど、圧力をかけるだけのやり方に疑問を感じると同時に自分たちは政権に利用されていると気づき、家族会と距離を置いた。本人はパージされたと苦笑しています。

過去の過ちを繰り返さないためにも、安倍・菅政権下でメディアがしてきたこと、しなかったことを検証する必要があると思います。

望月　そうですね。自分たちが報道してきたことについての検証なんて、ほとんどないですからね。東京新聞も含め、例えばメディアはコロナ禍をどう報じたのかとか、自分も過去を振り返り、検証する作業が必要だと感じます。

二〇〇三年のイラク戦争の初期段階から、小泉純一郎政権は自衛隊イラク派遣を行ないました。しかし、アメリカがイラクに侵攻したのは、「大量破壊兵器がある」という、イラクの元原発技術者を名乗る「カーブボール」というコードネームを持つ、ラフィド・アハメド・アルワン・ジャナビ氏によるまったく嘘《うそ》の情報に基づいてでした。あのとき、日本の小泉政権は、全面的にブッシュ政権を支持することを表明しましたが、小泉政権や、その後の政権はもとより、メディアに関してもその後検証らしきものは何もされていません。

森　アメリカに追随したのは、イギリス、スペイン、オーストラリアなど有志連合の中核をなした国と日本でした。ドイツとフランス、中国やロシアは、最後までイラクへの武力侵攻に反対していました。中国とロシアはともかく、ドイツとフランスはアメリカの恫喝《どうかつ》や懐柔にまったく屈さなかった。フセイン体制は瓦解したけれど、アメリカが侵攻の大義にした大量破壊兵器は見つからず、それどころかＣＩＡが大量破壊兵器は存在していないとの報告書をあげていたのにブッシュ政権はこれを握りつぶしていたことが明らかになった。カーブボールにだまされたのではなく利用した側面も大きい。ブッシュ政権の犯罪的な過ちはしっかりと検証され、ハリウッドではこれを批判する映画が何本も作られている。イギリスのブレア首相は独立調査委員会に証人喚問され、イラクの脅威を誇張したことを国民に謝罪しています。オーストラリアのハワード政権も、イラク戦争後に選挙で惨敗して責任を取らされ、イラク派兵を続けたスペインのアスナール政権はイラク戦争後に瓦解して、即時撤退を掲げる社会労働党が勝利しました。

　でもイラク侵攻をテロへの戦いと称してアメリカに追随した日本の小泉政権は、何の検証もされないまま無傷です。もしも憲法の縛りがなければ、あのとき日本の自衛隊は有志連合の一員としてイラクの戦争に加担していたはずです。謝罪を要求するつもりはない。でもアメリカに追随したこの国は、戦争で殺害されたイラク国民約五〇万人に対して道義的な責任がある。判断をなぜ間違えたのか、どのように錯誤したのか、そうした検証が何もなされてこないからこそ、安倍政権は集団的自衛権を含めて安全保障関連法を成立させてしまった。もしも今、イラク戦争時と同じ状況になったなら、自衛隊はアメリカの求めに応じて戦地に行くことになるでしょう。

時の政権が国民を間違った方向に導こうとしているとき、警鐘やアラートを鳴らすのはメディアの役割です。僕はメディアには流れを変える力があると信じています。そして、それだけにメディアに携わる人たちの責任も大きいと思う。

日本国民のために働かない政府

森　イラク戦争が始まった二〇〇三年三月、フォトジャーナリストである綿井健陽《たけはる》は、首都バグダッドに取材のため滞在していました。アメリカの武力侵攻のカウントダウンが始まったこの時期、世界中のメディアがバグダッドに集結していました。しかし、「いよいよアメリカが侵攻してくる」という切迫した状況となったとき、日本のメディア各社は現地に派遣した記者やカメラマンに対して一時撤退命令を出しました。

ほとんどの海外メディアは撤退などしません。当たり前です。その瞬間を記録するためにバグダッドに滞在していたのだから。日本の記者たちだけが本社からの指示により、隣国ヨルダンの首都・アンマンなどに一時避難をしたそうです。

望月　でも中には数社、「こんな大事なときに避難などできない」と現地に残った人たちもいたと聞きましたが。

森　共同通信社のカメラマンである原田浩司さんはアンマンに一旦は避難したものの、すぐにバグダッドに戻っています。退避しろとは言われたけれど戻ったらダメとは言われてないとの理屈で。ＮＨＫのクルーも退避せずにホテルに籠もっていたとの話を聞いたことがあります。でも取材はできない。本社や上司からの指示に背くことになるから。補足するけれど、記者たちの多くは撤退の指示に不満の声をあげたはずだと僕は信じたい。でも社命には抗えない。だって現場から外されるかもしれない。あるいは出世できなくなる。だからやっぱり、日本のメディアはジャーナリズムの組織ではなくて営利企業なんです。

米軍がバグダッドに侵攻した三月二〇日以降のしばらくの間、バグダッドで取材する日本人ジャーナリストは綿井さんだけになってしまったため、テレビ朝日の「ニュースステーション」とＴＢＳの「ＮＥＷＳ23」のふたつに、綿井さんは毎日イラクをレポートするジャーナリストという立場で出演していました。競合番組だから普通ならありえない。

望月　日本のメディアはこういった危機が生じた場合、ジャーナリズムの遂行よりも組織の安全、社員の安全のほうに重きが置かれます。でも、欧米のメディアには、ジャーナリズムを遂行する立場の組織として、日本とは違う力学が働いているように思えます。よく海外の記者と比較して言われるのは、日本は終身雇用の中で記者が採用され、働いているので、どうしてもサラリーマン記者になりがちだと。個人のジャーナリストとしての意識よりも、会社がどうかということを優先してしまう。一方、欧米では、記者はステップアップするごとに会社を変えることが普通に行なわれているので、会社の論調がどうかということ以上に、一個人としてジャーナリストとしての問題意識がより強く求められているという状況があるのではと思います。

森　欧米のメディアだってもちろん組合は強いし、所属する社員の安全、命、健康を守るということは大前提にしています。でも、「ジャーナリズム」の捉え方が日本とは本質的に異なっている。

望月　結局、フリーでなければそういった危険地帯での取材が許されないわけですから、戦場カメラマンのような職業が成り立つのは、日本ならではということですね。

森　ロバート・キャパやジェームズ・ナクトウェイなど、欧米にもたくさんいます。でも確かに日本は多いですね。ベトナム戦争時、沢田教一や一ノ瀬泰造《たいぞう》など現場にいたフリーランスの戦場カメラマンの数は、日本が最も多かったと聞いたことがあります。

望月　でもフリーで取材を続け、過激派などに捕まってしまったら今度は自己責任と言われてしまう。

森　二〇二一年二月に公開された映画『ある人質　生還までの398日』（デンマーク・スウェーデン・ノルウェー合作、二〇一九年）は、一年以上にわたってIS（Islamic State：イスラム国）の人質となって奇跡的に生還を果たしたデンマーク人写真家の実話を基にしています。当時は報道されなかった人質解放までの裏側が克明に描かれている。ヨーロッパの国々はISに対して、表向きには「国家として対応はしない」と毅然とした態度を示しますが、裏では人質救出のためにいろんな手を尽くしていた。

一方で日本は「自己責任」の問題として表向きは動かないようで、でも実は裏では何かしているのかと思いきや、本当に何もしていない。

望月　自民党総裁が菅さんに決まった後、自民党はキャッチコピーを「国民のために働く。」と発表しました。でもそれまでの安倍政権から続く対応の仕方、さらに新型コロナ対策を見れば「国民のため？」と多くの人たちがツッコミを入れたくなったはずです。この期に及んで

「国民のため」とぬけぬけと言えてしまう厚顔無恥ぶりは、安倍政権から今まで、ずっと変わりません。

森　そのポスターを初めて見たとき、僕は決して大げさではなく五秒ほどフリーズしていたと思う。だって「国民のため」は大前提だよね。それ以外に何があるの？　じゃあそれまでの自民党政権は誰のために政治をしていたのだろう。党のため？　自分のため？　だから森友や加計[*7]、桜を見る会などの問題を起こしても平然としていられるのかな。このスローガンを真顔で掲げることができる感覚が僕にはわからない。五五年体制以降のこの国はほぼ一党独裁。その澱《よど》みや歪みが安倍・菅政権では端的に表れている。

ジャーナリストの役割とは？

森　本章のテーマは「ジャーナリストとは？」だけど、僕はジャーナリストではない。これは絶対に間違えないようにしています。そもそものスタートは、テレビ番組制作会社のディレクターです。その後にドキュメンタリー映画を撮ったりノンフィクションを書いたりしてはきたから、確かにジャーナルとだぶる領域はあるのだけど、でも方向は違うと思います。基本は表現ですから。客観性や公正性に重きは置きません。根幹にあるのは自分の主観です。その意味では引き合いにするのはちょっと気が引けるけれど、音楽や絵画もそうですよね。客観的なベートーヴェンの交響曲とか公正中立なピカソの絵などありえない。

ただし以前はテレビの制作現場にいて、その後は映画や活字だから、結構横断的にメディアを体験している。だからこそ見えることがある、と自分では思っています。

ジャーナリストとはジャーナリズムを体現する人。ではジャーナリストの役割とは何か。社会が共有すべき情報を取材して伝える。ここには日々のニュースと調査報道のふたつが含まれます。でも今、僕は「社会が共有すべき」と言ったけれど、誰がそれを決めるのか、という観点も重要です。情報のプライオリティ。これは人によって違います。結局は主観です。あるいは声が小さな人の苦悶《くもん》や呻《うめ》きを社会に伝えること。翻訳すること。これも大切な役割です。でも小さな声は世にたくさんあります。どの声を拾い上げるのか。決めるのはやはり自分です。基準やマニュアルがあるわけではない。

そして最大の使命は政治権力を監視すること。なぜなら権力は絶対に腐敗して暴走します。だからこそアメリカ第三代大統領トマス・ジェファーソンが言ったように、政府が存在するならばこれを監視する新聞（メディア）は絶対に必要なんです。ジェファーソンは新聞が機能しないのなら政府は存在すべきではないとまで言い切っています。

望月　「強大な権力」は、今でいえば安倍・菅政権の政治権力がその最たるものですが、二〇二一年一月二五日にスクープされた辺野古に関する新たな問題では、大手新聞社ではなく、地方新聞である沖縄タイムスと共同通信が権力の監視という大きな役割を果たしてくれました。

今回、報道で暴かれた事実は、「辺野古の新基地に自衛隊を常駐させる」ことで、陸上自衛隊とアメリカ海兵隊のトップが二〇一五年に極秘合意していたとするものです。

当然のことながらこの事実を日米両政府は否定しました。このスクープは沖縄タイムスをはじめとする地方紙では一面トップ級の扱いで報じられましたが、その事実がオーソライズされていないとして、東京新聞のほか朝日、毎日、読売などの大手新聞社は沖縄タイムスと共同通信が報じた、辺野古新基地での日米共同活動問題を報じませんでした。

沖縄タイムスと共同通信が行なったスクープのように地道な取材を続け、権力者が隠そうとする彼らに不都合な事実を世に知らしめるのがジャーナリストの大きな使命です。

厚生労働省の統計不正問題や森友文書改竄《かいざん》を含め、私たちは今まで政府にさんざんだまされてきました。ですから、政府の言ったことを真に受けず、常に疑ってかかる。権力者とは暴走し、そして嘘をつくものだ、そういう姿勢と視点を持ち続けることがジャーナリストの仕事だと思っています。

原子力発電所は安全だという原発神話を私たちメディアは喧伝《けんでん》し、結果として、甚大な被害に加担してしまったという過去があります。失敗から得た教訓を私たちは生かしていかなければなりません。そのためにジャーナリストとしてできることは、まだまだたくさんあるはずです。

森　「小さな声を拾う」という役割もそこに重なりますね。

望月　菅さん、あるいは政権のやり方に心底怒っている人がいたとしても、菅さんに直接不満を訴えることも、質問もできません。私たち新聞記者には政府要人に直接質問できる権利と機会があるわけです。私たちはその権利を生かし、市井の人々の「小さな声」をできる限り政府に伝えていかなければならないと思っています。

そして、伊藤詩織[*8]さんが声を上げてくれたことで、今まで社会の陰に隠れて生きなければならなかった性犯罪被害者やセクシュアルマイノリティの方々の声もいろんな形で表に出てくるようになりました。ジャーナリストには、この流れをもっと大きくし、そういった人々が意見を発信しやすくなるような環境づくりをしていくという重要な役目があります。

新聞はオールドメディアです。紙という媒体は徐々になくなっていかざるを得ない運命にあると思います。でも、社会を変える原動力となり得る声なき声を拾い上げ、政治や社会にその声を伝え発信していく、ジャーナリズムというのは、民主主義を私たちの社会が求め続ける限り、なくてはならないものだと思っています。

森　当時、官房長官だった菅さんに記者会見で嫌味を言われても、あるいはまったく相手にされなくても、それでも質問を続けたことで望月さんは世の人たちに知られるようになったわけだけど、有名になればなるほど風当たりも強くなって、叩かれることも多くなる。撮りながら思ったけれど、僕が望月さんの立場ならとっくに諦めていると思う。なぜそんなに強いのかな。

望月　たいして強くはないですよ。ツイッターでもバッシングは多いですし、現場で同業者から白い目で見られることもたまにあります。会社に脅迫電話がかかってきたことも何度かありました。それでもなんで新聞記者を続けているのか……。誹謗中傷を受けても、本当に身の危険を感じたことはあまりないですし、それ以上に、いろんな人たちと向き合って取材して、記事を書き、少しずつ社会が変わっていくお手伝いをしているかもしれないということにやりがいを感じています。

たまに講演会をするのですが、そうすると参加してくれた一般の方々から「いつも見てますよ。がんばってね」とか「菅さんに負けず、もっと質問してください」とか、いろんな励ましの声をいただきます。ツイッター上でも叩いてくる人がいる反面、私のことを応援してくれる人もたくさんいます。そういった反応が、私の原動力となっていることは間違いありません。やはりひとりでは闘い続けられないですからね。それと取材することによって、これまで敵のように見えていた人たちが、同じような問題意識を持っている仲間であることがわかったり、取材の過程でいろいろな人と話をすることで、自分自身の考え方もいろんな意味で変わっていく面白さもあります。

また、東京新聞には投書やお客様センターへの電話によって読者の方々の声が届きます。官邸サイドから目の敵にされていた二〇一七年当時、本社には読者の方々から「やっと私たちが聞きたかったことを聞いてくれる記者が現れた」「きっと官邸から圧力がかかると思うけど、会社として望月さんを守ってあげてください」「望月さんがいる限り東京新聞を取り続けます」といった激励の声が一ヵ月に何百通も届きました。

そういった読者の方々の声は集約されて上層部にも伝わります。当時の編集局長が、政治部長と社会部長を呼び寄せた場で「官邸サイドからの圧力があり、政治部はかなり大変な状況だと思う。ただ読者や世の人たちの思いは、もっと記者が厳しく質問をしてほしいということだ。望月が聞き続けたい質問があるという限りは、あいつを止めさせるということだけはやめよう」と、言い含めてくれたと聞きました。他の新聞社であれば、きっと私のようなタイプは違う部署に飛ばされていたはずです。私自身、「政治部にかなり迷惑をかけているな」と思ってはいましたが、そうやって背中を押してくれる読者の声が結果として本当に励みになりました。

森　うん。組織メディアの一員なのだから、組織の理解とバックアップがなければ何もできない。当たり前です。そもそも、新聞記者になろうと思ったのは、中学生のときに読んだフォトジャーナリストの本がきっかけなんですよね。

望月　はい。フォトジャーナリスト・吉田ルイ子さんの『南ア・アパルトヘイト共和国』（大月書店、一九八九年）という写真解説集を読んですごく感動して。当時の南アフリカ共和国のアパルトヘイト（人種隔離政策）の状況を伝えた本なのですが、アパルトヘイトという言葉は知っていても、実際にはどんなものなのかを当時の私はまったく知りませんでした。南アフリカで行なわれている差別の実態を知り、私はショックを受けると同時に、そういったことを一般の人たちに伝えるジャーナリストという仕事にとても興味を持ちました。そこから「吉田さんのように世界を飛び回るジャーナリストになりたい」という思いが少しずつ大きくなって。

それと私の父が業界紙の記者だったということも、ジャーナリストを目指す要因のひとつだったように思います。新聞記者とは仕事内容はだいぶ違いますが、現場に赴き、いろんな人に会って、そこで見聞きしたことを記事にしていくという点は同じです。父は、中小企業の経営者に会い、その業種の情勢を分析し、動向を探っていくという仕事をしていて、そこにやりがいと面白さを感じているようでした。そんな父の姿を見ていて「記者という仕事はやはり面白そうだな」と思うようになりました。そして高校、大学とジャーナリストを目指しながら、OBやOG訪問を繰り返したり、いろんなところのボランティアに出かけたり、作文を書いたり、記者になるための道を模索しながら、拾ってくれた東京新聞に就職することになったのです。

色のついていない人材を好んで採用するメディア

森　新聞社には新人を教育するシステムみたいなものはありますか？　ジャーナリズムのいろはを教えてくれるような。ちなみに僕がいたテレビ業界には、ドキュメンタリーというジャンルにいたせいかもしれないけれど、昔ながらの徒弟制というか、ベテランの背中を見て学ぶ感じでしたね。理由のひとつは、実際の制作現場は局員よりも番組制作会社の社員のほうが多いというテレビの構造にあるのかな。報道はちょっと違うけれど。新聞社の場合は下請けの会社の記者とかほとんどいないから、もうちょっとシステマティックにできそうだけど。

望月　新聞社にも新人教育はありますが、実際は現場での学びが何よりなので、新人記者は半年間の新聞販売所や中日新聞本社の各部での研修後、まずは支局に配属され、そこでオンザジヨブトレーニング的に鍛えられます。私の場合は千葉支局にまず配属となり、そこでいろんな事件を取材するようになりました。事件担当の記者は「夜討ち朝駆け」といって深夜、早朝問わず、警察幹部や現場担当の刑事、さらに地元の検察官などに取材をかけ、そこから記事になりそうな情報を聞き出します。新人にとってはかなりハードな仕事ですが、あの支局時代に記者として相当鍛えられました。

森　アメリカの新聞社の記者から、日米の新聞社のリクルートの際の感覚の違いを聞いたことがあります。日本の場合は無色透明なノンポリが好まれるけれど、アメリカの場合はしっかりとした政治信条を求められて、面接のときに支持政党を質問されることもある。答えなければ意識が低いとみなされます。そもそも、アメリカの場合は日本のように、新卒が同時期に大量に採用されるみたいな状況はないけどね。地方紙で腕を磨いた記者が大手に転職する、みたいなケースが多いらしい。

これってリクルートの位相だけではなくて、中立公正原則のドグマにどっぷりとはまってしまった日本のメディアの欠陥そのものにも重なると思う。

この違いが最も強く現れるのは選挙報道です。アメリカではメディアの多くが旗幟《きし》を鮮明にします。例えば二〇二〇年の大統領選挙では、ワシントン・ポストやニューヨーク・タイムズはバイデンを支持し、ＦＯＸニュースはトランプを支持するみたいに。組織だけではなく、大統領選挙が近づけば、一般国民もバーなどでビールを飲みながら政治談議をする。でも日本では、メディアが支持政党を表明することなどありえない。ならば中立なのか。朝日新聞と産経新聞の論調は一致しているのか。東京新聞と読売新聞の主張はいつも同じなのか。そんなはずはない。でも公式には、自分たちは中立に報道していると言い張る。一般の人たちも政治について議論することを敬遠する傾向が強い。欧米では俳優やミュージシャンなどが支持政党や支持する大統領候補をはっきりと口にするけれど、日本でタレントがそれをやったらＣＭから降ろされるとかバカげたことになる。典型はテレビ東京が選挙後に必ずのようにオンエアする池上彰さんの特番です。当選した政治家に鋭く切り込むということで毎回話題になるけれど、なぜ選挙前にオンエアしないのか。結果が出てから出されても取り返しがつかない。もしもそう質問すれば制作者たちは、投票前にオンエアしたら公職選挙法や放送法に引っかかると答えるのかな。共通することは公平中立原則から逸脱しているとの認識です。

多くの人が、これはテレビ業界人も含めてだけど、放送法第四条第一項に記載された「政治的に公平であること」の意味を間違えて解釈しています。対象はひとつの番組ではなく、その局の番組全体です。一つひとつは偏っても問題ないのです。さらに公職選挙法の記述も「虚偽の事項を放送し又は事実をゆがめて放送する等表現の自由を濫用して選挙の公正を害してはならない」とあいまいです。だからこそテレビ番組制作者たちは委縮する。この国の選挙報道は、メディアの問題点をとても端的に表しています。

望月　ここ何年か、「新聞記者になりたい」という学生たちと会って話すと、メディアのことだけでなく政治、社会情勢含め、みんなとてもよく勉強しているなと思います。

新聞業界も今や斜陽産業となりつつあるのに、記者志望の学生たちはその業界に入って働きたいと思ってくれている。「メディアの世界で働きたい」という熱意がすごい。だから私が学生だったころと比べてもはるかに新聞を読んでいるし、自分の考え、主義主張をしっかり持っています。そういった学生に会うたび、「こういった子たちがジャーナリストとして育っていけば、日本のメディアはきっとよくなっていく。まだまだ日本のジャーナリズムも捨てたものではない」と期待するところもあります。

森　うーん。じゃあ例えば、望月さんが入社したころに比べて学生の質は上がっていると思う？　そんなことはないと思います。質はいつの時代も変わらない。一〇年前も二〇年前も、優秀で熱心な記者志望はたくさんいたはずです。でもその多くは入社したら組織に馴致《じゅんち》される。ジャーナリストではなく会社員になってしまう。テレビ局に関していえば、上場するとダメになると僕は思っています。企業としては大きなステップアップです。でも組織として成熟すればするほど、ジャーナリズムの精神は牙を抜かれる。当然です。企業として成熟するということは、営利企業として完成されるということなのだから。コンプライアンスとかガバナンスとかリスクヘッジなどの規制やルールが前景化して、ジャーナリズムの精神が後退する。
まあでも、あえてキレイごとにすがるけれど、望月さんが言ったように、新聞もテレビの世界も「ダメになった業界を自分の力で立て直す」という気概を持った若者がこれから入ってきてくれることに期待したいけどね。

記者クラブではないメディアがスクープを飛ばす

森　先ほど望月さんが辺野古基地の問題を話しましたが、あのスクープのそもそもは日本共産党でした。

望月　日本共産党の穀田《こくた》恵二議員が二〇一八年五月一一日の衆院外務委員会で防衛省の内部文書を基に沖縄のキャンプ・シュワブへの水陸機動団配備の可能性を追及していました。

森　「桜を見る会」の疑惑をスクープしたのも日本共産党機関紙のしんぶん赤旗です。

望月　安倍首相の地元である山口県から約八〇〇人もの後援会関係者を招待し、彼らを飲食接待していたという、国政私物化疑惑を赤旗がスクープしたのは二〇一九年一〇月一三日のことです。その後も赤旗は、安倍さんが総裁選対策として自民党地方議員を大量招待したことや悪質マルチ商法の幹部が安倍後援会のバスで「桜を見る会」に参加していたなど、十数回にわたって疑惑を追及しています。

森　赤旗と同様にスクープを連発しているのが「週刊文春」です。河井克行《かつゆき》法務大臣の違法買収疑惑や加計学園問題、菅首相の長男が在籍していた東北新社が総務省幹部を何度も接待していた問題、それに続くＮＴＴによる総務省幹部の高額接待も、いわゆる「文春砲」によって暴かれました。森友学園を巡る問題で、二〇一八年三月七日に財務省近畿財務局管財部の管理官だった赤木俊夫さんが自ら命を絶つ前に記した「手記」を、全文公開したのも文春です。アメリカならニューヨーク・タイムズやワシントン・ポストなどメインストリームメディアがやる仕事を、日本では傍流のメディアが担っている。

望月　赤旗も文春も、記者クラブの外にあって「国民が本当に知りたいこと」をしっかり追っていますよね。私たちのような、内側にいる新聞記者たちは何をやっているのか、という話で……。

記者クラブは政権との距離が近くなりすぎたのだと思います。政権に忖度し、「これ以上は突っ込めない」と勝手にブレーキをかけている。このような状態では、国民が本当に知りたいことを聞き出せるわけがありません。

何の忖度もなく、ジャーナリズムの精神を持って真正面から政権と対峙しているのが赤旗であり文春です。私も新聞記者の端くれですから、記者クラブ以外のメディアにスクープを持っていかれてしまっている今の状況は恥ずかしいですし、落ち込みもします。日本のジャーナリズムは危機的状況にある。それをもっと多くのメディア関係者が切実に感じないとこの状況は変わっていかないでしょうね。

だからこそ、これからは記者クラブの枠に囚《とら》われない取材をしていかないといけません。朝から晩まで、番記者が政治家にくっ付いているようなやり方は、もう改める時期にきていると思います。

森 夜討ち朝駆けで朝から晩まで権力者に張り付いて、会見の質問は事前にチェックされることに抗わない。心身に無理をして労力を使っているのに、当たり障りのないことしか聞き出せない。

力を入れるべきところは入れ、抜くべきところは抜く。そのように取材態勢をまず改善すべきだし、記者クラブの今の在りかたももっと議論されていいと思います。

望月　新聞業界は代々、夜討ち朝駆けでネタを取り、スクープ合戦で勝ち抜いた記者が昇進していくという構造があり、それは今もあまり変わりません。でもそういった構造自体を根本的に変えていかないといけませんよね。今、公務員の働き方改革が叫ばれていますが、新聞業界の夜討ち朝駆け文化ももう見直さざるを得ないでしょう。毎日、朝から晩まで働き盛りの若手を現場に張り付かせるより、独自のネタを見つけ、それを掘り下げることに注力したほうがいいに決まっています。

森　記者クラブに入ってないメディアが次々とスクープを飛ばす。ならば結論は明らかです。記者クラブがジャーナリズムの阻害要因になっている。僕にだってわかる。

さっき望月さんが「政権と記者クラブの距離が近すぎる」と言ったけど、毎日新聞が桜を見る会でスクープを取れなかった自分たちをデジタル版で検証しています。それを要約すれば、知っていたけれど違和感を持っていなかった。つまり環境に馴致されていた。

望月　その中にいる限り、見えていない景色がいっぱいあるのでしょう。だから、その外にいる赤旗や文春には、私たちには見えていないものがとてもクリアに見えているのだと思います。

森　正確に言えば見えてはいるんです。でも違和感を持たない。つまり茹《ゆ》でガエルのメタファーです。温度は感知しているけれど、緩慢な変化に馴れてしまっていて、それが危機的状況とは思わない。政治部が仕切る官房長官会見において、社会部の望月さんは常に異物です。だからこそ政治部記者が違和感を持たないことが、望月さんには気になる。違和感を持たなくなることが最大の危機なんです。

東北新社と総務省の問題では、菅首相が総務大臣時代に秘書だった自分の息子が今、東北新社の社員として総務省幹部を接待して問題となっているのに、その息子のことを問われて「私と長男とは別人格」と開き直る。別人格は当たり前です。そんなことを質問しているわけではないとなぜ食い下がれないのか。

望月　私自身は、あまりにふざけたことが続くと「記者クラブ全体でボイコットくらいすればいいのに」と思うことはたびたびあります。でも実際には抗議の姿勢もまったく見せず、いつも官邸の言いなりです。

安倍前首相時代には、大手新聞社の社長たちは首相とよく会食をしていました。これはアメリカだったらありえないし、そんなことをしたら他の新聞社から「権力にすり寄ったメディア」として一面扱いで叩かれます。今までの流れ、経緯と官邸の横暴ぶりを見ていると、すべてのメディアが政権との距離感、接し方を根本から見直す時期にきているのでしょうね。

新型コロナ禍での五輪開催を早期に批判できなかった大手メディアの問題

望月　日本のマスメディアが五輪開催の是非について、五月末になるまで、社説などでその立ち位置を早期に表明できていなかったことも問題だったと思います。東京五輪・パラリンピックは、三七二〇億円もの協賛金で支えられていると言われていますが、四種類のスポンサー契約のうち、協賛金が約六〇億円とされる「オフィシャルパートナー」が「読売新聞グループ本社」「朝日新聞社」「毎日新聞社」「日本経済新聞社」で、協賛金が約一五億円のオフィシャルサポーターになっているのが「産業経済新聞社」と「北海道新聞社」。これでは、五輪開催の是非を現場の社会部記者たちがどれだけ取材して記事で批判的に展開しても、社として社説で「中止」と踏み込むことへのハードルが上がってしまうのは必然でしょう。

社説で初めて中止を打ち出したのは、スポンサー契約を結ばない信濃毎日新聞でした。五月二三日に「東京五輪・パラ大会　政府は中止で決断せよ」との見出しで中止を訴えています。五月二五日には、西日本新聞が社説で、政府はワクチン頼みで、「安全安心」な五輪を実施するという手段を持てないのではないかとして、「国民の理解と協力が得られないのであれば、開催中止もしくは再延期すべきである」と踏み込んだものを出しました。

同日、沖縄タイムスも「［「宣言下でも五輪開催」］強行すれば首相退陣だ」とのタイトルで「中止を判断するのは今しかない」と、社説で政府に中止を迫っています。

そして相次ぐ地方紙の社説に押される形で、朝日新聞がようやく五月二六日、「五輪とは何か。社会に分断を残し、万人に祝福されない祭典を強行したとき、何を得て、何を失うのか。首相はよくよく考えねばならない」として、「夏の東京五輪　中止の決断を首相に求める」とのタイトルで社説を掲載しました。

わが東京新聞は、スポンサーになっていないにもかかわらず、社説での言及はかなり遅く六月一日、「コロナ禍の東京五輪　大切な命を守れるのか」とのタイトルで、「何より大切なのは、人々の命と健康だ。開催できるのは、それが守られるという確信を多くの人が共有した時だけである」とようやく掲載しました。

二〇二〇年末以降、「デルタ株」や「ラムダ株」などの新たな変異株が続々と現れ、再び世界で感染拡大が進みはじめ、三月五日には、尾身茂分科会会長が参院予算委員会で、新型コロナが季節性インフルエンザと同じような病気になるには「さらに一、二年はかかる」とし、国民の六―七割が二回のワクチン接種を終えたとしても、「今冬まではクラスター感染が起こる」とも指摘していました。

複数の感染症の専門家たちのこれまでの発言などを分析すれば、コロナ禍が今夏だけでなく、翌年にまでわたって続くことは容易に予想され得たと思います。それでもマスコミが中止の論調を打ち出したのは、開催の一、二ヵ月前という直前でした。なぜ、長期的なスパンで感染拡大を見据え、中止を提言できなかったのか。おそらく、一時期、米国やイスラエル、英国などワクチン接種が進む先進国での接種率が三割、四割を超えていく中で、「ノーマスク」姿の人々が、かつてのように飲食や観光などを楽しんでいる姿が、テレビなどで繰り返し報道され、「ワクチン接種さえ進めば、五輪はなんとかなるかもしれない」という、根拠なき楽観論に世論全体が、流されていったからではないかと思っています。実際、菅首相は、自らの政治生命をワクチン接種の進捗にかけているように見えました。

しかし、七月八日には、東京都の感染者は八九六人にのぼり、前週から二二三人増加。[*9]デルタ株をはじめとした、インド型変異株の比率は東京都で二三パーセントにまで達し、菅首相は八月二二日まで、東京で四度目の緊急事態宣言を打ち出さざるを得ない方向に追い込まれました。

菅官邸と一部マスメディアが「楽観」していたよりも急激なピッチで変異株が広がり、感染拡大にまったく歯止めがかからない状況になっています。

ＩＯＣや森喜朗前東京五輪・パラリンピック組織委員会会長の意を受けて、なんとか観客を入れたいと固執していた菅首相も、ここにきて一都三県での無観客開催の判断を行なわざるを得ないような状況に追い込まれました。

問題は、菅首相や官邸だけではなく、マスコミの中に漠として流れていたワクチン摂取後の五輪開催への楽観と期待、そして「菅首相が反対しても中止にはできない」と強硬な発言を繰り返したIOC幹部らの態度への諦めなども錯綜《さくそう》し、結果として、マスコミが五輪中止について明確に社説などで言及するタイミングが遅れ、中止を求める強い世論を喚起できなかったことに繋がったと思います。

現状を見ると、今年に入ってすぐに多くのマスコミが開催中止の是非を議論し、世論喚起を進めていれば、菅首相がここまで強引に開催に踏み込むことはできなかったのではないかと悔やまれます。

五輪開催強行後、想像以上に感染は広がりました。八月一一日、東京都の感染者数は四二〇〇人、都内の累計患者数は二五万八九八一人、体外式膜型人工肺（ＥＣＭＯ）などを使う重症者は一九七人となり、二日連続で過去最多を更新。六月の時点で大会組織委員会が示した試算は、開催した場合、八月下旬に新規感染者は一日一〇〇〇人程度としていましたが、実際はその四～五倍の感染者数となりました。感染拡大の最中、市民の不安をよそに菅首相は、八月二日「中等症患者らは原則自宅療養を」と発言。与党・自民党からも「党に相談なく……」と反発を受け、公明党も撤回を要請、三日後、田村憲久厚労相は「中等症は医師の判断があれば原則入院だ」と事実上修正を迫られました。しかし、その後も救急車による搬送で一〇〇回、一二〇回と受け入れを断られたり、他の慢性疾患の手術が全て中止になる病院が出るなど、医療崩壊が起きています。五輪に突き進んだ結果、支持率は二八パーセント（朝日新聞）と過去最低を記録。八月一一日は基礎疾患のない、自宅療養の三〇代男性の死亡が明らかになるなど予想以上の混乱が起きています。菅首相だけでなく、多くのマスコミが大会スポンサーとなり、批判が弱まり、開催中止の是非にまで踏み込んだ世論喚起をできなかったことは、日本のメディアの歴史の中で大きな汚点のひとつになりました。

森　僕の言いたいこともほぼしゃべってくれた（笑）。でもひとつだけ、これは望月さんというかリベラルなメディアや識者の多くが、朝日も含めて多くの新聞社が大会スポンサーになったことについて違和感を表明していたけれど、経営と現場は分離して考えるべきと僕は思います。これが分離していた場合、一般的な会社ならガバナンスが効いていないということになるのだけど、メディア企業はそれでいい。むしろ一致したらダメなんです。二〇一八年、「かんぽ保険不正販売問題」をとりあげたＮＨＫ「クローズアップ現代＋（プラス）」に対して、続編を放送しないようにと日本郵政はＮＨＫ執行部に圧力をかけ、本来なら防波堤となるべき経営委員会がこれに加担して、結果的に続編の放送は一年近く延期された。つまり被害者たちが見捨てられたわけです。このときに日本郵政側はＮＨＫに対して、「ガバナンス体制に問題がある」と批判しました。これに対してＮＨＫは、あなたが言うガバナンスはＮＨＫにない、あったら困る、と返答すべきでした。現場は現場だけで仕切る。経営は経営で勝手にやってくれ。オリンピックでも高校野球でも協賛すればいい。不動産で儲《もう》けてくれ。でも絶対に現場に口出しはするな。……その前提とシステムが、資本主義経済におけるメディア企業の最後の砦《とりで》だと僕は思います。

註

＊1　**緊急事態宣言**　二〇二〇年三月一三日に成立した新型コロナウイルス対策の特別措置法に基づく措置を行なうため、同年四月七日に一回目の緊急事態宣言が発令された。新型コロナウイルスの急速なまん延により、国民生活や経済に甚大な影響を及ぼす恐れがある場合などに、首相が宣言を行ない、緊急措置を取る区域や期間を指定する。

＊2　『i―新聞記者ドキュメント』　森達也監督による東京新聞の望月衣塑子記者の姿を追ったドキュメンタリー映画（二〇一九年一一月公開）。当時の菅官房長官会見で質問妨害などを受けながらも、米軍普天間飛行場・辺野古移設問題などを巡って政治権力に真っ向から立ち向かっていく望月記者の姿をそのまま撮っている。

＊3　日本学術会議の任命拒否問題　二〇二〇年九月、学者が政府に対し政策を提言する国の特別機関「日本学術会議」が新会員として推薦した候補六人の任命を、菅義偉首相が拒否した問題。推薦候補を政権が任命拒否するのは、現制度になった二〇〇四年以降で初めて。拒否された六人は、安全保障関連法や特定秘密保護法などの政府方針に批判的だったとされる。

＊4　Go To トラベル　政府がＧｏ　Ｔｏキャンペーンの一環として始めた事業。低迷する旅行需要の回復、ウィズ新型コロナ時代の新たな旅行スタイルの定着を目的に実施された。国内旅行代金の三五パーセントを割り引くとともに、旅行先で使える一五パーセント分の地域共通クーポンの配布を行なう。上限はひとり一泊二万円（日帰りは一万円）で、利用回数の制限はない。

＊5　滝川事件　一九三三年に京都帝国大学で起きた思想弾圧事件。京都帝国大学の法学部教授・滝川幸辰《ゆきとき》の講演内容を問題視し、また著書『刑法読本』が共産主義的であるとして、文部省が著書を発禁処分にすると同時に、滝川に対して辞職ないし休職を強要した。

＊6　Ｊアラート（全国瞬時警報システム）　有事（ミサイル攻撃や、地震、津波などの自然災害）の際、住民が避難を速やかに行なうために緊急情報を瞬時に伝達するシステム。国民に正確な情報を迅速に伝達することが重要であることから、消防庁が地方公共団体と連携して整備を推進している。

＊7　森友や加計（森友学園・加計学園問題）　学校法人森友学園の土地取得と、加計学園の獣医学部新設にあたり、安倍晋三首相が口利きをしたのではないかとされた。首相夫妻の私的関係者との癒着が疑われたふたつのスキャンダルは、併せて「モリカケ問題」とメディアが呼ぶようになった。森友学園問題は二〇一六年六月、学校法人森友学園に大阪府豊中市の国有地が払い下げられた際、その額が不当に安いことが判明し、問題となった（不動産鑑定士の算出した評価額九億五六〇〇万円に対し、近畿財務局が出した払い下げ価格は一億三四〇〇万円だった）。

＊8　伊藤詩織　二〇一五年四月三日夜、ジャーナリストの伊藤詩織が当時のＴＢＳワシントン支局長だった山口敬之《のりゆき》と就職相談のため会食した際、意識を失い、ホテルでの準強姦《ごうかん》の被害を訴えた。刑事事件では不起訴となったが、民事訴訟では二〇一九年一二月一八日に伊藤の請求を認め、東京地裁は三三〇万円の支払いを山口に命じた。二〇二〇年一月六日、山口は地裁判決を不服として東京高等裁判所へ控訴した。

＊9　東京都の感染者　二〇二一年九月二日は三〇九九人。前週から一六〇五人減少、一週間平均の新規感染者数は三一四〇・〇人で、対前週比の七二・一パーセント。東京都健康安全研究センターのスクリーニング検査では、八月一六〜二二日の一週間のデルタ型の比率は八六・二パーセント、一二三件中一〇六件だった。

第二章　ファクトに迫るために

両論併記の罠《わな》

森　大学卒業後に僕はテレビ番組を制作する会社に入社してＡＤ（アシスタント・ディレクター）になったけれど、今思えばとても中途半端なスタンスでした。

望月　何が中途半端なんですか？

森　報道とドキュメンタリーを区分けせずに仕事をしていた。実はぜんぜん違うジャンルなのに、その区別がついていなかった。ドキュメンタリーのディレクターをしながら、「ＮＥＷＳ23」や「ニュースステーション」など報道番組の特集枠もよくやっていました。あのころは調査報道の番組もたくさんあったから、「ザ・スクープ」や「報道特集」もやりました。まったく違和感はなかった。テーマが違っても手法は変わらないと思っていた。先輩たちからもそう教えられた。でもそれは間違いです。報道とドキュメンタリーは向きがまったく違う。

望月　先輩たちからは具体的に何と言われたのですか？

森　フレーズにすれば「客観的になれ」とか「中立を守れ」。

望月　ああ。ここでも。

森　ADとして最初に学ぶことは、「絶対に自分をカメラに映り込ませるな」です。なぜならスタッフがカメラに映り込んだ瞬間に客観性が損なわれるから。もし万が一映り込んだら、通行人のように自然にふるまえとか。同じ意味でディレクターの声もNGです。要するに主観は出すな。中立であれ。わかるかこれがドキュメンタリーだ。そんなことを先輩たちに言われていました。

でも僕の先輩のさらに前の世代、つまりTBSをやめてテレビマンユニオンを立ち上げてラジカルなドキュメンタリーを制作し続けた今野《こんの》勉さんや萩元《はぎもと》晴彦さん、村木良彦さんとか、ヤラセや仕込みをまったく隠さないドキュメンタリーをテレ東で撮り続けた田原総一朗さんとか、作品にプロの俳優や自分自身もまぎれこませるRKBの木村栄文《ひでふみ》さんとかの時代は、ドキュメンタリーに対しての捉え方がまったく違いました。牛山純一さんと大島渚《なぎさ》さんが日本テレビのノンフィクション劇場で『忘れられた皇軍』[*1]をオンエアしたのもこのころです。主観的であることは前提です。中立とか公正とか客観なんて誰も考えていない。木村栄文さんは現役の香具師《やし》の親分を撮って銭湯で登り龍が躍る親分の背中を、ディレクターである自分がせっせと流しているカットを当たり前のように放送しています。それはテレビが黎明期《れいめいき》だったからできたこと。今なら反社会勢力を肯定したとかで一発アウトかな。ああでも、東海テレビが『ヤクザと憲法』で、しっかりと現役のやくざたちをノーモザイクで撮っているから、撮ろうと思えば撮れるんです。でも多くのテレビ業界人は撮らない。テレビ局が組織として成熟すればするほど、ガバナンスやコンプライアンスやリスクヘッジなどが存在感を強めれば強めるほど、テレビドキュメンタリーは毒を中和されてつまらなくなってしまった。ならばなぜ東海テレビは、『ヤクザと憲法』だけではなく多くの問題作を制作して放送することができるのか。プロデューサーの阿武野《あぶの》勝彦が、組織人であると同時にしっかりと個を保持しているからです。僕が現役のころ、阿武野のようなプロデューサーは周囲にいなかった。

だから三〇代後半、なんかもう仕事がつまらないなと思っていた時期にオウム真理教の地下鉄サリン事件が起きて、僕は最終的にテレビから弾《はじ》き出されて映画を作るのだけど。でも、その映画『A』[*2]を撮っているとき、「なんだ、ドキュメンタリーはやっぱり主観じゃん」とようやく気がついた。

望月　『A』はオウム真理教を取り上げた映画でした。

森　最初はテレビでオンエアすることを前提に撮っていました。でもオウムを絶対的な悪として描こうとしていないなどの理由で制作中止を言い渡されて、さらには制作会社から解雇された。ちょうどデジタルカメラが普及し始めた時期だったので、ならば自分で撮ろうと考えて、とにかく最終形については明確なイメージを持たないまま、カメラを手にオウム真理教の施設に通い続けました。

ひとりで撮影しながら、ズームとかパンとかフレームとか、すべて自分の判断だと今さらのように気づく。その後の編集作業でのカットの取捨選択も主観です。同じ状況で別の誰かが撮っていたらまったく別の作品になる。作品として呈示されるのは事実ではなくて解釈だとようやく気がついた。撮影中盤にプロデューサーの安岡卓治《たかはる》が合流して、自主制作映画という着地点を見つけました。

望月　フィクションだろうがノンフィクションだろうが、それはすべて制作者の表現ということですね。では、ジャーナリズムはどうなんでしょうか？

森　ジャーナリズムも最初は主観です。だって何を取材するのか、それを決めているのは自分ですよね。声なき声を拾い上げるのがジャーナリズムの役割だとするならば、ジャーナリストが「この声を取り上げよう」とテーマを選んだ瞬間に主観が発動しているわけです。主義主張や思想信条が違えば、違う声が気になるはずです。それはドキュメンタリーもジャーナリズムも変わりません。

ちょうど『A』を撮っているころ、ヤーコプ・ユクスキュル（一八六四―一九四四。エストニア出身のドイツの理論生物学者）を知ったことも大きいかも。生きものは種によって見える世界がまったく違うと提唱したユクスキュルの環世界理論を演繹《えんえき》して、一人ひとり見える世界は違うと考えました。同じ状況にいても、僕と望月さんとでは視点が違う。さらにもしカメラを持っているのなら、違うアングルで違う視点が示される。当たり前ですよね。ジャーナリズムであろうがドキュメンタリーであろうが、これは共通しています。

ただし向きは違う。ベクトルが異なる。ドキュメンタリーは徹底的に主観的な表現でいいと思いますが、ジャーナリズムの場合は取材の過程で客観的であることを意識する、あるいは中立を目指すことは間違いではないと思う。誰かの意見を聞いたのなら、対立する人の意見にも耳を傾ける努力をする。公正であることを自分に律する。それはジャーナリズムにとって必要な要素です。ただ、一〇〇パーセントの中立性や客観性など絶対に実現できない。その意識も大切です。ニーチェ（一八四四―一九〇〇。ドイツ・プロイセン王国出身の哲学者、古典文献学者）はその代表作『権力の意志』で、「事実はない。あるのは解釈だけだ」と言っています。認知についての発言だけど、メディアについてもぴたりと重なります。一〇〇パーセントの客観、中立、公正などありえない。その意識は常に保持する。なぜならこれを忘れたときに、後ろめたさが消えてしまう。

望月　主観でいいが、頭の片隅に常に客観性と中立性を置いておく。それがジャーナリストとして大切な心構えだと私も思います。

森　映像だけでなく文字も同じです。例えば「ニコニコ」と「ニヤニヤ」の表現。どちらも笑っているときの描写だけど、「ニコニコ」には記者の好意を、「ニヤニヤ」には悪意が込められています。例えば起訴される前のカルロス・ゴーンの笑みはニコニコ。でも起訴されてからはニヤニヤ。その記者が本当に「ニコニコ」だと感じたのなら、そう書けばいいと思う。でも社会的なバイアスや読者への忖度で、自分の感覚を裏切る場合が実はとても多いのでは、と推測します。客観性、中立性が大事なジャーナリストであっても、基盤となる自分の主観を放棄してはいけない。同時に、ニコニコかニヤニヤを選択している自分に対して、中立でもなければ客観的でもないんだと、引け目や後ろめたさを持つことも大切です。

望月　ジャーナリストやドキュメンタリーの制作者側がそういった意識を持つのと同時に、読者や視聴者といった受け手の側もそのような構造で情報が提供されているのだという意識を持てばだいぶ変わってくるのでしょうけどね。

森　僕が見る限り、残念ながら送り手、受け手、どちらの側もまだそこには至っていない。中立を担保する原則として新人記者が最初に叩き込まれる「両論併記」について考えます。

Ａという論に対抗してＢという論があったとします。中立性を目指すのであればＡとＢの両方を併記すればよいということになるけれど、Ａの対論がＢであると誰が決めるのか。もしかしたらＣという論やＤという論もあるかもしれない。座標軸をどのように設定するかでバランスも変わる。その座標軸は誰が決めるのか。これも結局は主観なんです。さらには順番の問題もある。どちらを後に出すのか。映像でも文章でも後のほうが優位です。それを知っているからこそ、社会におもねるほうを後に配置する。これのどこが中立なんだって僕は思う。

望月　政治部の記者などは、「与党はこう発言した」「野党はそれに対してこう述べた」と、常にその両側を記事として書かなければならないと言っています。ただ、「客観性、中立性を保つために両論併記しなければならない」という意識が強すぎるがゆえに、上がってきた原稿を読んだらその記者の持っている問題意識がすっかり失われてしまっているということが結構あります。

森　福島第一原発が爆発したとき、ＮＨＫは放射能は危険ではないと発言する科学者を起用して大きく批判されました。番組制作者に聞いたけれど、両論併記の意識が強すぎて、放射能が危険であると主張する科学者を起用するなら安全であると主張する人を誰か探せ、ということになってしまったらしい。数で言えば圧倒的に違うのだけど、何が何でも両論という思い込みで現実から遊離してしまっていることに気づかない。

I（私）を主語にせよ

望月　ニューヨーク・タイムズの前東京支局長だったマーティン・ファクラーさんとは以前、『権力と新聞の大問題』（集英社新書、二〇一八年）という共著を出しました。その時、彼が言っていたのですが、ニューヨーク・タイムズでは「I（私）を主語にせよ」と言われるそうです。記者が現場で取材をしてどう感じたのか。それをしっかりと記した原稿でないと、読者は読んでくれないと。だから常に「I」を意識し、自分の考えを記事の中に入れるようにしていると話していました。

森　うん。それは読んでいます。もしかしたらそれが、僕の映画『i―新聞記者ドキュメント』のタイトルのモチーフになったのかもしれない。望月さんはどちらかといえば、取材対象に気持ちが入ってしまうタイプだから、自分の記事に結構「I」も出ているのではないですか。

望月　そうですね。だからあえて冷静を保つために両論を入れる、反対側の意見も盛り込むように意識しているところはあります。

でも、自社、他社問わず、「面白いな」「興味深いな」と思える記事は、送り手である記者の考え方、問題意識が強くにじみ出ているものですね。そのほうが受け手の側も共感、共鳴しやすいですから。

今、私が社会部記者として力を入れているのが名古屋出入国在留管理局で三月、収容中に亡くなったスリランカ人のウィシュマ・サンダマリさん死亡問題[*3]です。

日本のメディアでは外国人問題はあまり取り上げられません。テレビ局は「視聴率が取れない」として外国人問題を取り上げることに消極的です。

二〇一九年六月には長崎県大村市の大村入国管理センターに収容されていた四〇代のナイジェリア人男性が、施設の対応に抗議するためにハンガーストライキを行ない、それがもとで飢餓死しました。

森　入管の実態が本当にありえないほど酷《ひど》いことは、以前から知っていました。でもメインストリーム・メディアは冷淡です。なぜなら、社会が不法滞在の外国人に対して無関心だから。メディアは社会の合わせ鏡です。しかし今、ウィシュマさんの事件があまりに酷すぎるので、風向きがだいぶ変わってきた。ただし、ずっと頑張ってきたメディアもあります。名古屋入管については、地元の名古屋テレビ（メ～テレ）の村瀬史憲プロデューサーを中心としたドキュメンタリー制作班が、収容者への人権侵害があまりに酷いとしてずっと問題提起しています。みな怒りを保持している。つまりしっかりと「I」を基盤にしている。

望月　今回のウィシュマさん死亡問題にしても国内メディア全体への関心事には、コロナ禍もあり、広がっていないように思います。テレビで圧倒的に力を入れているのはTBS、それとNHK、新聞だと毎日新聞と東京新聞だけ、朝日新聞が遺族取材の現場にいないことも結構あり、「人権の朝日」がどうしたのかと衝撃を受けたこともありました。どうも関心の高い記者が五輪や経済部にいるなどして、この問題に関われる状況ではなかったと聞きましたが。とはいえ、弁護団や支援団体、フリージャーナリストの志葉玲《しばれい》さんやNPO法人ダイアローグフォーピープルのフォトジャーナリストの安田菜津紀さん、インターネット動画配信プロジェクトChoose Life Project、お笑い芸人のせやろがいおじさん、「週刊金曜日」はじめ、いろいろな立場の方々が立ち上がり、記者会見を開くなどして、コロナ禍の中で世論にも一定程度、入管対応に問題があることは浸透したような気がします。毎日新聞などには私のように外国人問題を取り上げている記者は何人かいますが、全体としてはまだまだ少数派に見えます。でもだからこそ、私は東京新聞で声を上げ、いろいろ続けようと思っています。

私がなぜ外国人問題に積極的に取り組んでいるかといえば、自分の主観として「これだけは許せない」と感じる事件、問題が多いからです。記者の問題意識と熱意が、取材対象者に自分を向かわせていくのでしょう。

ひとりの記者として仕事をしていく中で、自分のスタンスを意識しながらも両論併記の大切さは身をもって感じています。なので片方を取材したら、なるべくもう一方の意見も聞くようにしています。

ただ、なぜそのテーマを選ぶのか、その事件、問題をどう記していくのかは、基本的に記者の主観によって成り立つものですし、これからのジャーナリズムはニューヨーク・タイムズのように「I」をもっと前面に出していくべきだと思います。

森　正義感について僕は取扱注意だと思っているけれど、でも個々の記者が不正を憎み正義をまっとうしようと使命感を高揚させることは否定しません。重要です。酔わなければいい。そして、この使命感の根底には、現場で記者が抱いた怒りや悲しみが駆動しているはずです。だからこそ主語は「I」なんです。決して「we」ではないし、ましてや「company」や「organization」でもない。

望月　カメラを向けられた取材対象者、被写体でさえも、カメラを意識して知らず知らずのうちにパフォーマンスしてしまうようなことが起きますよね。

森　誰だってカメラを向けられれば演技をする。というか、人は誰と対面しているかで変わりますよね。家族と一緒にいるときと会社にいるときや昔の友人たちと一緒にいるときは、それぞれ微妙に違うはずです。どれが演技なのかとかどれが真実なのかとか詮索しても意味がない。すべて虚であり実でもある。つまりカメラがなくても人は演技する生きものです。『広辞苑』は「ドキュメンタリー」を「虚構を用いずに、実際の記録に基づいて作ったもの。記録文学・記録映画の類。実録」と定義しているけれど、何度も言うように客観的な事実は撮れません。撮った映像は現実の断片であり、状況から撮影者が意図的にフレーミングした現実です。必ず虚構は入り込む。ありのままの現実など僕たちは把握できないし、ましてや情報としてパッケージする過程でさまざまな意図が加えられます。これに気づけば、情報を発する側はもっと負い目を持って謙虚になるはずです。もしも名探偵コナンみたいに「これがたったひとつの真実だ！」と胸を張って情報を発信しているメディア関係者がいたとしたら、あまり真に受けないほうがいい。受け手の側がそのような意識を持つだけでも、リテラシーは大きく向上します。

日本の教育が近代史を教えない理由

望月　元文部科学省事務次官で現代教育行政研究会代表の前川喜平さんが繰り返し仰っているのですが、教育という現場に携わる先生たちは教育指導要領に「中立、公正」であれとあることで身動きが取れなくなってしまっているそうです。

「学問の自由」とは、教わる側だけに通じることではなく、教える側も含めたすべての人の基本的人権です。政治的な意見を交えつつ「先生はこう思うんだけど、君たちはどう思う？」というような教え方をしてもいいのに、今はそれができない。政治がいろんな形で教育に介入してくるので、先生たちは窮屈な思いをしていますし、教わる側の生徒たちも今の政治がどうなっているのか、あまりわかっていません。

森　数年前にＮＨＫのドキュメンタリーの仕事でＮＹのクイーンズのミドルスクールに行って子供たちとディスカッションしたとき、一人ひとりの意識の高さに驚きました。一五歳や一六歳なのに支持政党はしっかりと表明するし、現政権への批判も臆せずに発言する。クイーンズは移民が多いんです。だからクラスの民族や宗教もばらばら。それが気持ちいい。ナチスドイツの教訓から学んだドイツでも、中高生たちが政治に興味が向くような教育がなされていて、若い世代でも支持する政党を表明し、政治的意見をしっかりと持っていると聞きました。

望月　芸人のおしどりマコさんから聞いた話なのですが、ドイツの若者たちに3・11の原発事故の話をしに行った際に、中高生くらいの子供たちが、みなそれぞれ明確に自分の支持政党は○○です。なぜならば△△だからとぺらぺらと答えたそうです。マコさんが「あなたたちは若いのに、どうしてそんなしっかりした政治的な考えを持てるのですか」と聞いたら、「だったら、日本の若者はいつからそんな考えを持つようになるのですか？」と逆に尋ねられたそうです。そこで「一八歳から選挙権を持つようになったから、それからかな」と答えると、ドイツの若者たちから「選挙権を持ってから支持政党を考えるのでは遅すぎませんか？」と突っ込まれてしまったといいます。

森　一〇年くらい前、長野の教育関係者主催のシンポジウムに参加したとき、会場に集まっていた現職の教員たちに、ずっと疑問に思っていたことを質問しました。

高校の日本史の授業は、第二次世界大戦が終わるぐらいまでで三学期が終わってしまった。そもそも昭和初期くらいからとても早足でした。つまり近現代史をきちんと授業で教わっていない。それは多くの人の共通体験です。なぜ日本史の教育で近現代史を積極的に教えないのか。そう質問したら、教員たちは最初はなかなか答えてくれなかったけれど、ひとりが最後に「自信がないんです」と発言しました。例えば戦争責任の問題、従軍慰安婦の問題、アジア解放と侵略の認識の差異など、近現代史は現在もくすぶっているさまざまな政治的問題に直結してしまう。事実は事実として教えればいいけれど、南京虐殺を教えるか教えないかだけでも、自分の思想や史観が現れてしまう。だから時間切れで触れないようにしている、との可能性は否定できない、と彼は言いました。

望月　なるほど。でも教えてもらわなければ困りますよね。これからの日本のためにも。

森　歴史とメディアには共通項がある。どちらも自分の視点、あるいは解釈だということ。だから歴史の場合は史観という言葉を使います。織田信長と明智光秀のどちらが正しかったのか、見方によってまったく変わります。だから前川さんの言うように、これは自分の見方であることをしっかりと伝えながら、教師は自分の史観を教えればいいと僕も思う。右でも左でもいい。これもメディアと同じです。南京虐殺については、自分はあったと思うがなかったと言う人もいるとか、自分はなかったと思うがあったと考える人もいると教えればいい。まあ南京虐殺については、なかったとの視点はあまりに荒唐無稽ですが。

日本の場合、歴史の授業は古代から始まり、時代の流れに沿って進んでいきます。だから一番肝心な近現代史が後回しになってしまうのですが、欧米では日本とは逆に近現代史から学び、その後は時代を遡って授業を進めていく。日本の若者たちの政治的関心が低いのは、メディアの報道の問題もありますが、中高生時代の教育によるところが非常に大きいと思います。

望月　今の子供たちは日本国憲法九条を習っていないと聞いたことがあります。慰安婦問題に関しては「習っていない」という人は結構いましたが、今や憲法九条すらも学校教育でそのような扱いを受けてしまっていると知り、とてもショックでした。安倍前政権のときに近現代史を教えるのを嫌がる先生が増えたとも聞きました。歴史修正主義の動きが強まる中で、現場の先生たちが憲法改正の議論を授業でするのは面倒だ、関わると親や教育委員会から何か言われるなどと考えていることの現れなのかもしれませんね。

二〇二一年度から中学校の歴史教科書の一部に、戦時中の「慰安婦」を説明する記述が復活しました。大阪の中学校教師である平井美津子先生は以前からずっと慰安婦問題を授業で取り上げてきた方です。平井先生は生徒からの疑問に答えるために旧軍の資料を読み込み、実際に韓国にも行っていろいろと歴史を勉強したそうです。

ただ、今でも慰安婦のことを授業で取り上げると、教育委員会や学校関係者などから「あんな偏ったことを教えて」と非難を浴びていると言います。でも、平井先生から教わった生徒たちは慰安婦のことを知り、ショックを受けながらも自分なりの考えを持つようになる。平井先生の教え方には主観が入っているかもしれませんが、私はそれでいいと思います。先生の話を聞いて、生徒たちはそこから自分で判断すればいい。臭いものに蓋をするような教育はあってはならないはずです。

森　まったく同意見。でも現政権は歴史認識について、さらに逆行しながら加速しています。二〇二一年四月二七日に政府は、「従軍慰安婦」との表現は適切でなく「慰安婦」にすべきとの答弁書を決定しました。戦時中の朝鮮半島から日本本土への労働者動員についても、「強制連行」との表現は不適切だとする答弁書も決めています。これは今後、教科書も含めて多くの分野に影響を与えることが予想されます。話が逸れてしまうのだけれど、先生の話が出たので給特法[*4]に関しても少し話したいと思います。

　給特法を簡単に説明すれば、「教師は聖職だから残業代は出さない」という法律です。五〇年前に自民党の文教族によって定められました。そして今の教育現場で教師たちは、授業だけではなく親への対応や学校の雑務など、あまりに仕事量が多くて疲弊しきっています。うつ病になって休職、辞職してしまう先生はとても多い。教師を志望する学生もどんどん少なくなっている。しかし今のところ法改正しようとの動きはない。そもそも教師は聖職という前提がいかにも自民党的です。二〇一九年に福井テレビがこの問題を取り上げたドキュメンタリー「聖職のゆくえ〜働き方改革元年〜」を放送したので、僕もこの問題を知ることができました。現場の声を拾い上げながら伝え、問題を提起することはメディアの役割です。近現代史の問題も含め、次の時代を担う子供たちに正しく学んでもらうためにも、教育制度の改革はもっと進めていく必要があると思う。

アメリカ大統領選挙で氾濫したフェイク情報

望月　二〇二〇年のアメリカ大統領選挙ではバイデン氏の勝利を認めようとしないトランプ大統領の情けない姿が印象的でした。

選挙中はトランプ氏を熱烈に支持するQアノン[*5]が、バイデン氏側を貶めるようなデマをSNSに流し続けていました。接戦だったミシガン州では「不在者投票者の名前をもとに調べたらその人はすでに死んでいた」とか、「ウィスコンシン州で総投票数を数えたら、登録有権者数より多かった」といったデマや噂が拡散され、それはなぜか日本でも瞬く間に広まっていきました。

森　日本でそのデマを広めた人たちはJアノンと揶揄《やゆ》されています。QアノンもJアノンも主張の趣旨は「本当はトランプが勝っていたのに、民主党サイドの不正によって負けた」ですね。荒唐無稽にも程がある。

トランプ政権が誕生した前回の選挙でも、ネットには「ヒラリーがISに資金供与している」とか「ローマ法王はトランプを支持している」といったフェイク情報が入り乱れていました。一定数、そういったフェイク情報を真に受ける人がいるからこそ、トランプ大統領が誕生したともいえます。

トランプ政権は誕生直後も虚偽の情報を流し、それを「オルタナティブ・ファクト[*6]（もうひとつの真実）」と言い逃れをして話題になり、その後も明らかな誤情報を垂れ流し続けました。

望月　二〇二一年一月に公開された『シャドー・ディール　武器ビジネスの闇』（アメリカ・ベルギー・デンマーク合作、二〇一六年製作）は、莫大《ばくだい》な利益を生み出し続けている国際武器取引の実態を暴いたドキュメンタリー映画です。この映画を見ると私たちが普段、いかに「政治の表の顔」しか見ていないかがよくわかります。レーガンやサッチャーなどの過去の政治家からオバマ、トランプに至るまで、敵の恐怖を煽り軍事増強の必要性を訴えつつ、裏ではテロリストたちに資金援助している。そういった意味で、私たちはネット社会の利点を最大限生かして情報を収集し「政治家たちはその笑顔の裏で何をしているのか」を常に想像することが必要だと思います。その積み重ねがメディア・リテラシーを高めることにも繋がっていくはずです。

アメリカで生まれたＱアノンや日本でＪアノンと揶揄される人たちに共通しているのは、私たちマスコミが流している情報はすべてフェイクだと考えているところです。彼らが信じているのは自分たちの中で共有している、誰が言い出したかも知れぬ陰謀論めいた情報だけです。このような人たちに「いや、事実はこうなんですよ」と伝えようとしてもそれはなかなか難しい。新興宗教の信者のマインドコントロールを解くのはとても困難だといいますが、それに近いものがあるように思います。

森　Qアノンの一件もあり、近年はフェイク情報へのワクチンとしてメディア・リテラシーの存在意義が世界的に高まっています。

もちろん、それは間違ってはいない。ただ、これは以前から懸念していることだけど、フェイクという意識が先鋭化すればするほど、トゥルース（真実）も先鋭化する。「ヒラリーがISに資金供与した」などの情報は論外として、ほとんどは一〇〇パーセントのフェイクでもないし一〇〇パーセントのトゥルースでもない。つまり虚実です。ところがこの傾向が進むと、そこに明確なラインがあるように思い込んでしまう。「フェイクかトゥルースか」「白か黒か」「善か悪か」、こうした二項対立的な見方は現実とは違う。実際にはグラデーションです。スペクトラム。濃いか薄いかの問題です。

一〇〇かゼロかはありえない。何かの情報に触れたとき「これはフェイクではないか？」と考えることは大切です。でも同時に、情報は常に虚実ないまぜだと意識することも必要です。

望月　私も子供のころは「真実はひとつ」だと思っていましたが、その真実というのは非常に多面的で、私が見ている世界と違う世界や景色が常にあることを忘れてはいけないですね。

森　僕だってそうでした。真実は人の数だけあるなんて言う子供がいたら可愛《かわい》げがなさすぎる。ろくな大人にならないと思う。でも子供時代はともかく大人になったのだから、虚実はグラデーションなのだということくらいは気づかないと。樹《き》の幹は茶色、葉は緑、空は青、子供時代はそう思っていたかもしれない。でも子供でも実際に絵を描こうとして樹や空を凝視したら、多様な色が混在していることに気づきます。葉っぱだけを見ても、黄色に茶色に赤に、いろんな色が交じり合ってグラデーションを作っている。それが世界。虚と実も同じ。だから世界は豊かなんです。

その上で、どうやったらフェイクを見破れるのかを考える。世間一般ではフェイクを見破るために、「ソースをたどれ」とか「いろんな角度から情報の真偽を徹底的に探れ」と言ったりします。理屈では確かにそうです。でも朝日と読売と産経と東京に毎日など各紙を読んで、さらにテレビやネットのニュースもチェックしていたら、それだけで一日が終わってしまいます。お金だってかかる。現実としては不可能です。可能な範囲でソースをチェックしたりメディアを比較したりすることは前提として、違う角度から見れば違う光景が現れるとの意識をしっかりと持つことが大切です。

何度も言うけれど、情報は主観です。僕たちが読んだり見たりしている情報は、記者やカメラマンなど、必ず誰かの視点をフィルターにしています。そのような意識を常に持って情報に接することが、メディア・リテラシーのファーストステップだと思っています。

望月　例えばツイッターでフェイク情報を発信している人たちを分類していくと、世論を操作するために確信的にフェイク情報を流している人と、その人を信じてフォローしている人、さらに何も考えずにそれをリツイートしてフェイクを拡散していく人などに分けられます。Qアノンが流したフェイク情報が瞬く間に全世界に広がっていったのも、こういった人たちがネットの世界にたくさんいるからです。

でも、私が実際にこのリアルな世界、実社会で出会う人たちを見ると、あまりに偏った思想の人や「この若者はフェイクを信じているな」というような人はあまりいません。ツイッター上には偏った人たちがあふれているのに、実社会ではあまり見かけない。メディア・リテラシーを高めていくためにも、この点をもう少し掘り下げてこれからは考えていく必要があるように思います。

右翼はビジネスになる?

望月　ネットで右翼的な発言を繰り返す人たちのことをネトウヨと言ったりします。SNSなどで私のことを誹謗中傷してくる人たちはネトウヨが多いのですが、私の見る限りでは、ネトウヨと呼ばれる人たちは若い世代は意外に少なく、シニア世代が圧倒的に多いように感じます。六〇歳で会社を定年退職し、以降は家に籠もっている元エリートサラリーマン。そういった人が多いようにも感じます。

私と森さんの共通の知人、ここではAさんとしておきますが、Aさんがある日「私のお父さんがネトウヨ化してしまった」と話してくれました。以降、たまに実家に帰るたびにお父さんのネトウヨ化が進んでいるらしいです。

家に籠もってネットを見ている。そこで自分の興味のある情報を調べているうちに「今まで自分は左派メディアの流すフェイク・ニュースにだまされてきた」と思うようになります。そして右派的なメディアやサイトばかりを見るようになり、保守的かつ排外主義的な考え方に染まっていく。原因として考えられるのはこのような構図です。

森　会社一筋でずっと生きてきて、退職してやることもなく、買ったばかりのスマホでネット情報をチェックしているうちに、大手メディアは韓国や中国に支配されているとかの情報を見て驚きながら激昂《げきこう》して、日本を変えねばならないと使命感に駆られる。そういうことなのかな。そもそもネトウヨという言葉が示すように、保守はSNSなど短い言葉だけのネットと相性がいいからね。ネトサヨってあまりいない。

望月　多分、Aさんのお父さんたちシニア世代は高度成長期の繁栄している日本を知っているから「ジャパン・アズ・ナンバーワン」の意識が相当強いのだと思います。だから、経済では中国に、電子情報通信の分野では韓国に抜かれた現状をとてもではないが受容できない。その反動で中国や韓国に対して差別的な見解を持つようになり、それがどんどん過熱していってしまっているように見えます。

森　大日本帝国時代にアジアの覇者を目指したけれど、結果として敗戦国になった。でも戦後に経済でアジアの覇者になった。だからこそ今、中国や韓国の成長が忌々《いまいま》しい。そんなメンタリティかな。安倍政権の「日本を、取り戻す。」とのスローガンに共鳴する人たち。トランプの"Make America Great Again"にも共通します。現政権を支持する人たちからすると、政治権力を監視して批判するメディアは目障りなのだろうし、嘘ばかりついていると思いたくなるのかもしれない。しかもネットの海に潜れば、同じ不満を持つ人たちと連帯できる。

アメリカではトランプ政権のとき、ニューヨーク・タイムズやワシントン・ポストなどクオリティペーパーやメディアの多くは反トランプでした。だからこそトランプ支持者たちは「メディアは許せない」「嘘ばかりついている」と不満を募らせ、それがQアノンに繋がっていった。

しかし、メディアの本来あるべき姿は、右、左にかかわらず、どのような政権であろうと監視することです。まあトランプの時代はちょっと別格だけど、クリントンやオバマなど民主党政権時代もアメリカのメディアはしっかりと監視していたし、批判もしていました。ところが日本の場合は、五五年体制移行はほぼずっと、二回だけ下野した時代はあったけれど、自民党が与党であるという状況が常態化してしまっています。特に安倍政権は自民党内でも最右翼に位置している。だから政権を批判するメディアは、「左翼」どころか「反日」とまで呼称されて罵倒される。実際に安倍前首相も朝日などリベラルメディアを目の敵にしていたから、支持者も感染しているのだろうな。

望月 最近はネット放送などで保守派の論客が幅を利かせています。彼らは単にフェイクを流すだけでなく、民族差別もむき出しです。彼らの言動によって在日の方々は傷つけられてきました。

メディアに登場する保守派のタレントやコメンテーターを見ていると、本気で右翼的思想に染まっているというよりは、ビジネスとして右翼を気取り、ネトウヨと呼ばれる人々を相手にお金儲《かねもう》けをしているように見える人が一部にいます。私もたびたび、保守派の論客からターゲットにされますが、それに立ち向かっても相手を儲けさせるだけなのであまり相手にしないようにしています。

森　ビジネス右翼という言葉はよく聞きますね。でも、ビジネス左翼という言葉はあまり聞かない。デモは日当をもらっているというデマをネトウヨが盛んに喧伝していたけれどその程度。左翼はお金にならないからなのかな。

望月　私の知り合いがとある保守派の論客から訴えられて裁判をしているのですが、クラウドファンディングで裁判費用を募ったところ一〇〇〇万円を超える金額がすぐに集まったそうです。この社会には、保守派の言動を快く思っていない、というよりは彼らの差別主義的な言動をなんとかしなければいけないと考えている人が相当数いるということをこの金額が示しているように思います。

ビジネス右翼の台頭によってフェイク情報やヘイトスピーチがますます巷《ちまた》に横行しています。安倍政権下でビジネス右翼は育まれましたが、それに対して彼らの存在を問題視する市民も増えています。ネトウヨ的な過激思想がこれ以上広まらないよう、私たちメディアも彼らの動きをもっと強く注視していく必要がありますね。

マスコミに寄せられる情報にも嘘・偽りはたくさんある

森　記者である望月さんのところには多くの情報が入ってくる。真偽の判定も含めてどのように対応していますか。

望月　まず、情報を提供してきた人の人間性を見たり、場合によってはある程度経歴を調べたりもします。

新聞社ということもあって、告発文書のようなものもたくさん届きます。でも、文書になっていないような文書も結構あり、そういった類いのものは掘り下げるのも難しくはなりますが。フェイク系や怪しい情報が数多く届く中、本当に覚悟を持って送られてくる告発文書もあります。そういったネタは内容が生々しく、内部情報が細部にわたって書かれており、読んでいてこれは本物だとわかります。告発者の怒りの熱量が、文書から伝わってくるのです。

寄せられる情報の真偽をある程度見分けられるようになったのは、やはり経験を積んできたからです。たくさんの情報を見聞きしていくうちに、自然と真偽を嗅ぎ分ける嗅覚というか、判断する勘のようなものが身に付きました。とはいえ、森さんの仰ったように虚実がない交ぜになっているような情報も多いので、取材を重ねて事実を突き詰めていくことを忘れないことが重要だと思います。

森　現場主義は重要です。ＳＮＳやテレビから得た情報を記事にしているだけのネットニュースを時おり見かけるけど、例えばまとめサイトとかね、言うまでもないけれどそれはジャーナリズムではない。ところが影響力は大きい。最近多いのは、昼のワイドショーと報道番組の区別がつかない人。テレビ局内部では部署も違うし別ものです。取材における文法や視点、何よりも現場へのこだわりが違うはずです。でも最近はワイドショーも事件や政局を扱うし、報道との間で映像素材を貸し借りしているから、一般の人には区別がつかなくて当たり前だとも思うけれど。

望月　森さんは『Ｕ　相模原《さがみはら》に現れた世界の憂鬱な断面』[*7]（講談社現代新書、二〇二〇年）の中でなかなか取材対象に生で会えないことのもどかしさを書かれてますよね。

森　一回だけでも植松聖《さとし》死刑囚に会うことができたので、本を書くことができました。実際に会って話すことで、気づけたことはたくさんある。

　まとめサイトはねえ（苦笑）。僕もこういう立場だから批判されることは仕方がないけれど、見出しを勝手に作るなって言いたい。まさしく雑誌の中吊り広告と同じです。言ってもいないことを言ったかのように見出しを掲げる。本文を読めば見出しがまったく違うことはわかるけれど本文を読む人はとても少ない。

数年前だけど「自民党に投票する学生は選挙に行くな」みたいな見出しでまとめサイトにまとめられたことがあります。元になったのは「週刊プレイボーイ」のインタビューです。本文を読めば、意味がまったく違うことがわかります。でも見出しだけを読んだ人たちは、まあその大半はアイコンに旭日旗《きょくじつき》を使っているような人たちだけど、森達也は選挙を否定するのかと大騒ぎ。あのときはだいぶ炎上しました。

望月　大学の先生の話では、学生さんから「この記事本当ですか」と、ネトウヨ系の記事を提示されたりすることが普通にあると聞きました。「え、今時こんなの信じちゃうの？」と驚きます。けどそういう大学生には、ネット情報と新聞などのマスメディア情報は、イコールで入ってくるので、そこに優劣がない。ある意味、メディア・リテラシーがないと、あっという間に妄想系とかネトウヨ系に引っ張られてしまうということですよね。

あと最近は「あのタレントは自殺したことになっているけど自殺じゃない。他殺だ」という手紙も結構届きました。その証拠となる文献とか、記事とかいろいろ引用もしてひとつのストーリーを作っている。それが真実だと信じ込んでいる方が一定数いることを知りました。

森　世の中にはいろんな人がいる。Ｑアノンなら「民主党は裏で児童売買をしている」とか「選挙制度に不正があった」とか、あるいは日本なら「大手メディアは韓国に支配されている」とか「沖縄の基地反対デモは中国の工作員が仕掛けている」などの謀略史観を疑いなく信じてしまう人は、昔から一定数いたと思います。でも昔ならそういう人たちは、あまり表には出てこなかった。やはりネットの影響は大きい。今はもう閉鎖されたようだけど、ネトウヨから強く支持されて書籍まで出版された「余命三年時事日記」というブログがありました。朝鮮学校への補助金停止に反対する声明を出した弁護士たちの懲戒請求を名指しで呼びかけて、実際に多くの人が賛同して話題になったブログです。毎日放送の斉加尚代《さいかひさよ》さんが二〇一八年に制作したドキュメンタリー「バッシング～その発信源の背後に何が～」で、七〇代と思われるそのブログの主を直撃しました。ブログに書いていることの根拠を質問されたその男性は、ほとんどネットで見つけた情報の断片のコピペで作っている、と悪びれることなく答えています。観ながら驚きました。後ろめたさや罪の意識がほとんどない。だから隠したりごまかしたりしない。コピペだけど何が悪い、という感じでした。なんかもう絶句するしかない。

守られる「公文書は隠すもの」という伝統

森　政治の世界で起こった問題を追及していく上で、情報公開法[*8]に則《のっと》って公文書の公開を請求することは基本だと思うのですが、望月さんは取材で公文書にアプローチしたことはありますか。

望月　私はあまりしたことはありませんが、同僚が防衛省の公文書を読み解いて、辺野古の埋立てに関する問題や矛盾点をあぶり出してます。

ある事柄に関連する公文書をいくつか請求し、それを読み解いていくと事実が見えてくることはあります。でも、請求しても「そのことに関する公文書はありません」と回答されることが不自然に多いのも事実です。日本の政府にとって、情報は隠すものであってオープンにするものではないという歴史的価値観が根強く残っているのを感じます。

森　情報公開法に則って資料請求をすると、いわゆる「のり弁」、ほとんどの行にラインが引かれ、真っ黒になった資料が渡される。

のり弁になってしまう主な理由は、情報公開法の不開示規定に基づく「プライバシー」です。情報公開制度は地方自治体が先行して一九八〇年代にスタートさせ、二〇〇一年に国も法律を施行しました。日本に情報公開法が登場して二〇年が経《た》ちますが、情報公開という制度はまだまったく根付いていませんし、公開請求してもプライバシーを侵害する恐れがあるとしてほとんどが隠されてしまう。情報公開法はまだまだ、名ばかりの法律です。

日本学術会議会員任命拒否問題のとき、根拠について尋ねられた内閣府は、文書が存在するかどうかを明らかにしない「存否応答拒否」でした。のり弁ですらない。説明責任という言葉が空《むな》しい。本来ならもっともっと問題にならなければならない。でもならない。メディアが質問しないから。そして国民がもう関心を示さないから。

名古屋入管で亡くなったウィシュマさんの部屋の監視カメラの映像について、来日した妹ふたりが見せてほしいと必死に懇願したけれど、「ご本人の名誉・尊厳や保安上の理由」を理由にこれを拒否した上川陽子法相と入管職員に対して、僕は厚顔無恥以外の言葉を思いつけない。

結局は二週間分の映像を二時間に編集して、弁護士の立ち合いも許さずに家族に見せることを法務省は決定しました。編集を許してしまえば、都合の悪い箇所はすべて削除されてしまう。僕はそう思ったけれど、映像を見た家族は、救いを求めるウィシュマさんに対して職員が笑っているシーンで衝撃を受けたと話しています。つまり編集では追いつかないほどに、都合の悪い映像しか残されていないということです。すべて公開すべきです。

望月　安倍政権以降、むしろ情報を隠す流れが強まったように感じます。情報、文書を改竄する、破棄する、塗り潰す。文書が命だからすべてしっかり残すと官僚は言いますが、公開するという意識はまったく足りないです。

森　この国の政治家や官僚は昔から、「文書は公開するものではなく隠すもの」と考える傾向が強い。いまだに戦争責任を明確にできない理由のひとつは、ほとんどの文書が敗戦決定直後に焼却されたから。一九七二年の沖縄返還前に日米両政府が交わしたとされる「密約文書」の存在も、この問題を考える上で重要な存在です（第三章で詳述）。

　歴代の自民党政権は、そのような密約は存在しないと言い続けてきました。しかし、二〇〇九年に民主・社民・国民新党の連立政権が誕生すると、民主党（当時）の岡田克也《かつや》外務大臣は外務省に密約関連文書をすべて調査の上、公開するよう命じ、有識者委員会は二〇一〇年に密約が存在していた事実を報告しました。ようやく、国民に対する自民党の背信行為の全貌が明らかになりかけた。ところがその後に再び自公政権となってから、自民党は民主党政権の報告書を踏襲するとあいまいな返答ばかりで、密約の存在をいまだに明確には認めていません。ちなみにこの答弁を国会の委員会でしたのは、当時の国務大臣で現在は首相になった菅義偉です。

望月　密約の相手であるアメリカは、年限はありますが密約に関する文書をすべて公開していますよね。

森　前にも言ったけれど、情報公開とジャーナリズムの精神について、アメリカはやはり別格です。この密約文書についてもアメリカは、国立公文書館で二〇年以上も前から公開していま す。それどころか、かつて日本の外務省から公文書を公開しないようにとの要請があったとの情報まで、二〇一七年に公開している。ところが自民党は頑《かたく》なに、密約は存在していないと言い続けている。公文書と情報の公開は民主主義の基盤です。それがほとんど機能していないこの国の民主主義とは何なのかとあきれます。

安倍政権は国の安全を守るためと称して「秘密保護法」[*9]を制定し、情報の公開をさらに制限するようになりました。そもそもこの法律は、沖縄密約の当事者である佐藤栄作首相（当時）が、この密約を問題視された直後に発言した「機密保護法が必要である」に端を発しています。その機密保護法を秘密保護法というやわらかい表現に言い換えて国民の目を逸らしながら強行採決。いつものパターンです。テロ等準備罪に言い換えて成立させた共謀罪など、安倍政権お得意の言い換えですね。このときも取材活動の萎縮や「知る権利」の制限に繋がりかねないとして、有識者やジャーナリストは秘密保護法に反対したけれど、国会では十分な審議時間も確保されないまま採決が強行された。自民一強独裁の弊害は大きい。

望月　先ほども話題に出たドキュメンタリー映画『シャドー・ディール　武器ビジネスの闇』

の中で、当時のアメリカのニクソン大統領が腹心のキッシンジャー（国家安全保障問題担当大統領補佐官、国務長官、国際政治学者）に「核を使用してもいいだろう？」というような相談をしている音声が公開されています。その音声の中でキッシンジャーは核の使用を止めようとしていますが、ニクソン大統領は「何を恐れているんだ」と核の使用にためらいがない。ニクソン大統領がそんな考えだったことに驚きましたが、それと同時にこのような音声を公開しているアメリカにも驚きました。日本でこのようなレベルの音声を公開することはきっとありえないことですよね。公文書を残し、公開していくという意識が日本と根本的にまったく違います。

新型コロナ禍の中、政府がずっと「オリンピックはやります」と言い続けていましたが、分科会や有識者会議に参加している専門家や研究者たちの中にはオリンピック開催に反対している人もいたはずです。でもそういった意見はほとんど表に出てこない。政府に「議事録はいつ公開されるのですか」と聞くと「一〇年後です」と言う。議論の内容を今知りたいのに、一〇年後にそれがわかってもまったく意味がありません。

台湾のオードリー・タンIT大臣は新型コロナ対策の立役者としても知られていますが、彼女が台湾政府で行なったのは情報を公開し、政府の透明性を高めるということでした。すべて公開されるから市民は政府のやろうとしていることを理解し、安心します。しかし、日本政府のやっていることは台湾とはまったく逆です。

取材対象者との正しい距離感などない

望月　森さんはドキュメンタリー映画などを撮るとき、取材対象と接する上で何か気をつけていることなどありますか？

森　マニュアル的なものについての質問と解釈していいですか。ならばほぼないです。だって状況によって、あるいは被写体によって、撮影の方法はまったく変わります。毎回徒手空拳。そういえば『A』撮影中にビーチサンダルを履いてオウム真理教の施設に行ったら、いくらなんでもサンダルはダメだろ、とプロデューサーの安岡に怒られました。マナーとかじゃないですよ。何かあったときに全力で走れないから。だから撮影の際に気をつけていることは何ですか、と聞かれたなら、ビーチサンダルを履かないことです、が答えかな。

望月　かなり独創的な作品が多いけれど、企画はどこでどうやって思いつくんですか？

森　これもよく質問されるけれど、やっぱりケースバイケースです。『A』は前に話したようにテレビディレクター時代に撮り始めています。一九九五年の地下鉄サリン事件直後、メディアはとにかくオウム一色でした。何でもいいからオウムネタを持ってこい、という時代です。

その意味では業務の一環です。撮ろうとしたことは当たり前なんです。

佐村河内守《さむらごうちまもる》のゴーストライター騒動を映画にした『FAKE』(二〇一六年)も、佐村河内さんと付き合いがあった小学館の編集者に、この問題についての本を書かないかと言われて、佐村河内さんの家に会いに行ったのがきっかけです。実は最初はまったく乗り気ではなかったのだけど、会ってみたら「活字ではなく映画だ」と直感して、その場で佐村河内さんにあなたを映画に撮りたいと伝えました。この時点で佐村河内さんのOKはまだだったけれど、帰り道に編集者は、何のために自分はここにあなたを連れてきたのだろうと呆然《ぼうぜん》としていました。悪いことをした。さらにその後、気を取り直した彼が佐村河内邸に訪ねてくるシーンを撮ったのだけど、最終的には全部カットしました。二重に悪いことをしちゃった。まあでも、映画については喜んでくれたけれど。

望月さんを撮った『i―新聞記者ドキュメント』だって、そもそもは劇映画の監督として始めて、でも降板したので時間が空いて、ならば劇映画と並行して撮れないかと打診されていたドキュメンタリーを撮ろうかな、という流れです。つまり全部なし崩し。僕は決して能動的なタイプではない。いつも受け身です。

望月　今、福田村事件[*10]を題材にした映画を撮るための準備をしているんですよね。これは?

森　福田村事件の映画はドキュメンタリーではなく劇映画です。テレビディレクター時代に新聞で福田村事件についての小さな記事を見つけて、このときはニュースの特集枠でこの話を扱えないかと思って企画書を書いたのだけど、テーマが朝鮮人虐殺と被差別部落差別ですから、テレビでは無理でした。だからずっと「この話を映画化したい」と思い続けていて。それがやっと実現します。関東大震災から一〇〇年となる二〇二三年の公開を目指して、今は準備段階です。この間やっと、脚本第一稿があがってきました。

望月　私は取材対象者に結構のめり込んでしまうタイプなのですが、森さんはのめり込みすぎないように気をつけたりしている部分はありますか？

森　あまり意識していないです。もともと対人的に少し距離を置くタイプなので、被写体にのめり込んでしまったという記憶はないです。

そういえば映画を観た人から、「被写体との距離感はどのように保っているんですか」とか「距離はどのように置いていますか」などと質問されることがよくあります。答えはいつも一緒。距離はあまり気にしません。だってどんな被写体でも自分との距離は必ずあります。家族を撮るのならその家族との距離があるし、友だちを撮るのだったら友だちとの距離がある。オウムの荒木浩さんとの距離や佐村河内守さんとの距離だってそれぞれです。ドキュメンタリーとはある意味でその距離や角度を撮る作品です。それなのに無理矢理に操作したらダメですよね。作品がつまらなくなる。

もしも被写体にのめり込んでしまったなら、僕はそのまま、のめり込んだ距離で撮影を続けると思います。のめり込んでいることは隠さない。それを撮ることが仕事ですから。

望月　ドキュメンタリー映画『はりぼて』（二〇二〇年）の五百旗頭《いおきべ》幸男《ゆきお》監督を取材して感じたのですが、面白いものを撮れる人はどこかで冷めてないといけないのかなと。だから、森さんもいろいろ感じてはいるのだろうけど、映画監督として周りをクールに見ているような気がします。私のように、感情で動く人間はいい映画とか、ドラマはきっと撮れないんでしょうね。

だから多分、森さんがすべての作品を同じ目線で作っていたら、ぜんぜん面白くないんだと思います。『i―新聞記者ドキュメント』で官邸の外にいる森さんが「なんで俺は官邸に入れないの？」と警官と押し問答するシーンとか、あれを盛り込んだのは森さんの感覚的なものなのだろうけど、観た人はそこに共感したり、あるいは反感を抱いたりするわけですよね。そういう視点を作品ごとに入れ込んで表現していくというのは、どこか冷めた感じがないとできないのかなと思ったりします。

森　一概にそうとも言い切れないけれど……。まあでも確かに、実はそもそも冷めています。

望月　確かに私は取材対象者に感情移入しやすいタイプなので、上司からもよく「お前は引っ張られすぎだ」と注意されます。私がフリーランスになったら、この気持ちの偏りがさらに大きくなると思うので、新聞社に所属する記者という立場が一番いいのかもしれません。

今も外国人労働者にインタビューなどしても、その人から「働き口がなくて困っている」と聞くと、就職先を一緒になって探したりとかしてしまいます。

取材対象者に入り込むことは、いい面もあれば悪い面もあると思います。でも、だからこそ取材が面白いと感じている自分も確かにいます。

知り合いの記者にすごい情報通なのに、それがなかなか面白い表現、記事に繋がらないという人もいます。情報はたくさん持っているのに、どの問題にも気持ちが今ひとつ入り込めていないから主観からの表現ができないのかもしれない。最終的には、取材対象者にどれだけこだわっているかが肝心なのかもしれません。問題意識や怒りもきっとそこから生まれてくるでしょうから。

映画『i──新聞記者ドキュメント』のエンディングに激怒した人

望月　森さんの映画は『i──新聞記者ドキュメント』もそうなのですが、エンディングの部分で観た人に判断を委ねるような方向に持っていくパターンが多いように思います。これは意識的にやられていることなのですか？

森　うーん。どこまで答えようか、と考えながら答えます。そもそも自分が、そうした終わり方の映画が好きなんです。押し付けられるのは好きじゃないし、わかりやすいのもつまらない。観終えた後にうだうだ考えたいので、自分が作る映画もそうなるのかな。

もちろん、観客に伝えたいことやメッセージはあります。実は巧妙に誘導しているつもりです。でもそれを気づかせたくない。わかりやすく見せたくもない。要するにメタファーです。直接的に表現するよりも何かの暗喩にする。確かにわかりづらいけれど、でもそのほうが絶対に深く届くという確信はあります。だから結論を言うようなことはせず、あえて寸止めにします。手を引いて誘導はするけれど途中で手を離す。あとはその人に任せます。終着の場所に行き着けない人もいるかもしれないけれど、そういう人は最後まで手を引いて誘導しても、結局は行き着けないのだと思う

望月　そういえばある講演会を行なった後、『i』を観たという人が私に「望月さん、『i』はすごくよかったけど、最後だけ私は本当に気に食わなかった」と言ってきたことがあります。『i』のエンディングには、第二次世界大戦終了後のフランスで、ドイツ兵と親密だったフラ

ンス人女性が丸刈りにされ、子供を抱きかかえたまま公衆の面前で見せしめにされる写真の映像が流れます。その人は、映画のラストでのあの映像は、その女性とドイツ兵の間に愛があったかのように見えるといって怒っていました。あのフランス女性は生き抜くために、ドイツ兵と計算の上で付き合っただけでそこに愛などないと。「戦争はそんなきれいな世界じゃない」と言い残して去っていきました。

森　二重三重に誤読と誤解があるような……。でもそういう誤読も含めて映画です。誤読する人は何やったって誤読するし。

望月　映像に収められたフランス人女性には愛があったかもしれないし、計算もあったかもしれない。はじめは計算かもしれないけど、その後愛へと変化したのかもしれない。それは誰にもわからないことですよね。何を見て、あの人が怒っていたのか、いまだにわかりません。

森　学生時代、唐十郎《から》さんが主宰する状況劇場の芝居をテントに見に行ったとき、舞台で役者さんが何を言っているかよく聞き取れないし、ストーリーもよくわからない。でも最後に舞台の後ろが開く大仕掛け、なんだかよくわからないけれど感動して鳥肌立って涙が止まらなくなって……。

望月　なんだかわからなくても感動できます？

森　なんだかわからないから感動します。

先進国ほど低くなる報道の自由ランキング

森　二〇一六年のアメリカ大統領選挙でロシアがトランプ候補（当時）を勝たせるためにサイバー攻撃やSNSを使ったプロパガンダを行なったとされる一連のロシア介入問題がありました。あれも最初はフェイク・ニュースかと思ったけど、どうやら事実だったようです。

望月　ロシアではプーチン大統領が二一年間、大統領もしくは首相として権力の座についています。プーチン政権の締め付けは想像を絶するもので、政権に反発する運動家やジャーナリスト、政治関係者に対する暗殺や毒殺もしばしば報じられてきました。最近では二〇二〇年に反政府運動家のアレクセイ・ナワリヌイさんが旅客機内で毒物によるものと見られる体調不良に陥り、約二週間、意識不明の重体となりました。彼は今、別件で逮捕され、収監されています。刑期は二年半ですが、その間に彼の身に何か起きないかとても心配です。

　現在四期目のプーチン大統領は二〇二四年に任期満了を迎えます。しかし二〇二〇年三月、大統領任期の制限撤廃を盛り込んだ改憲案が承認され、憲法裁判所も合憲と判断しました。七月の国民投票で改憲が成立しましたので、プーチン大統領は最大二期一二年、つまり二〇三六年まで留任できる可能性が出てきました。

森　アレクサンドル・ルカシェンコが二七年間大統領の地位にいて「ヨーロッパ最後の独裁国家」と呼ばれるベラルーシで、この五月に反体制派ジャーナリストが拘束されて、国営テレビで泣きながら大統領を賛美するインタビューが放送されました。顔や手首にメイクで隠した傷跡のようなものが見えて、拷問された可能性は高い。ウイグルや香港《ホンコン》への人権弾圧で批判されている中国も、二〇一八年に憲法を変えて習近平国家主席の任期の規定をなくして長期政権を可能にしました。ミャンマー国軍トップのミン・アウン・フラインが総司令官に就任したのは一〇年前。同じころに第二次安倍内閣を発足させた安倍晋三は、連続在任日数で憲政史上歴代一位になりました。ちなみに歴代二位は彼の大叔父で沖縄密約の当事者でもある佐藤栄作です。

小さな政党だったナチスドイツが独裁政権となる過程が典型だけど、権力は民主的な手続きを経ながら独裁制に移行するリスクを常に抱えています。これは世の習いであり歴史的事実。だからこそ政治権力を監視するジャーナリズムの存在は重要。そしてだからこそ、ロシアもベラルーシも中国もミャンマーもナチスドイツも、反体制のジャーナリストを拘束してメディアをコントロールしようとします。もしもアメリカのメディアが権力に対して脆弱だったら、今ごろはトランプ独裁の国が完成されていたかもしれない。

でもならば、日本のメディアはジャーナリズムとして十全に機能しているのか。それでなくても一極集中付和雷同の強い国です。世界一ベストセラーが生まれやすい国と聞いたことがあります。一色に染まりやすい。だからこそジャーナリズムは空気に抗わなければならない。

望月　国際ジャーナリストNGOの「国境なき記者団」が二〇二一年版の「世界報道自由度ランキング」を発表しました。それによるとベスト10は次のとおりです。

1　ノルウェー
2　フィンランド
3　スウェーデン
4　デンマーク
5　コスタリカ
6　オランダ
7　ジャマイカ
8　ニュージーランド
9　ポルトガル
10　スイス

これを見るとG7を構成している国々はひとつも入っていません。ちなみにG7諸国の順位を見るとドイツ一三位、カナダ一四位、イギリス二三位、フランス三四位、イタリア四一位、アメリカ四四位、日本六七位の順です。独裁の続くロシアは一五〇位、中国は一七七位です。

日本もアメリカも中国、ロシアも順位は低いですが、人口が一億を超えてしまうと人間の社会はいろんな部分にひずみが生まれ、その集団は悪い方向へと向かっていってしまうような気がしています。ちなみにランキングベスト10の国々は、ほとんどが人口五〇〇万—一〇〇〇万人程度です。

森　このランキングでノルウェーとスウェーデンとフィンランドはほぼ毎年ベスト3です。何度か行きました。女性議員が圧倒的に多い。二〇二一年年度のジェンダーギャップ指数上位三ヵ国はアイスランドとフィンランド、そしてノルウェーです。四位がアーダーン首相率いるニュージーランドでスウェーデンは五位。ホテルでテレビを観れば、日本みたいなバラエティ番組はほとんどない。国民が求めない。メディアと政治と社会は三位一体。いつも同レベル。それを実感します。

確かにすべて小さな国ですね。ロシアでも中国でも、大国はなぜより大国になろうとするのだろう。僕は人口一億三〇〇〇万人の日本も国を分割すればいいと思っています。沖縄と北海道はもちろん独立。あとは本州と四国と九州で分ければいいかな。その上で緩やかな連邦制を敷く。肥大しようとする国はいくらでもあったけれど、小さくなろうとした国として歴史に残るのに。

誤報はあって当たり前

森　フェイク・ニュースにだまされないためにメディア・リテラシーを高める。それは大前提。でも「フェイクとトゥルース」を意識しすぎるとグレイゾーンが消えてしまう。

朝日新聞の従軍慰安婦報道問題[*11]が起きたとき、間違った記事を掲載した朝日新聞に対して「謝罪しろ」との声が上がり、最終的には社長が謝罪し、記事もすべて取り消した。このときは池上彰さんも、明確に謝罪すべきと朝日を批判しました。

その後、書籍の企画で対談しました。誤報と謝罪はセットにすべきではない。僕のその主張に池上さんも同意してくれました（『池上彰・森達也のこれだけは知っておきたいマスコミの大問題』現代書館、二〇一五年）。なぜならメディアの過ちは謝罪の言葉などでは取り返しがつかない場合がある。過去にこの国の新聞は戦争を賛美して軍部に従属し、さらに偽りの戦果を国民に伝え続け、多くの人が死にました。ごめんなさいでは済むはずがない。

メディアの謝罪は徹底した検証と公開原則です。なぜ間違えたのか。誰の責任なのか。記者なのか。そのときのデスクなのか。何を怠ったのか。それらを仔細《しさい》に検証して固有名詞を隠さずに掲載する。その意味で、謝罪をセットにしなかった朝日の最初の従軍慰安婦報道問題検証記事は、まったく十分ではないけれど方向は間違っていない。誤報は必ずあります。謝罪をセットにすれば、ごまかしたくなる。

望月 イラク戦争で米英がイラクに侵攻する直前にニューヨーク・タイムズのジュディス・ミラー記者が「イラクには大量破壊兵器がある」「フセインは原子爆弾の部品調達を急いでいる」などの数々の検証不能な報道を行ない、イラク戦争開戦の米国の世論を作りました。後にこの報道は間違っていたことがわかり、ニューヨーク・タイムズは誤りを認めると同時になぜこの間違いが起こったのかを検証・調査し、その結果報告も紙面で発表しました。

このとき、ニューヨーク・タイムズは謝罪はしていません。アメリカのメディアは誤報をしただろうことが判明した際、なぜ間違ったのかをしっかり調べて発表することが自分たちの謝罪であると考えています。だから決して「We are sorry」「We apologize for」などとは言わないのだそうです。

森 当然です。自分たちの過ちは謝って済む問題ではないとの意識が徹底しているのだと思う。

ニューヨーク・タイムズも含めて欧米の新聞の多くは、謝罪の代わりに「訂正（correction）欄」を毎日のように掲載しています。記事に誤りや不備があった場合、「なぜ誤りや不備が起きたのか？」「記者の裏付け調査の不足や功名心が由来なのか？」「デスクの管理不徹底や商業主義が働いたのか？」など、掲載に至った構造も徹底的に訂正欄で考察します。これがメディアのあるべき謝罪の姿です。

望月　森さんの言った「誤報はあって当たり前」の話ですが、私たちはもちろん誤報がないようにしっかり仕事をしているつもりです。

でも人間のやる作業ですから、時に間違ってしまうことがある。もしそういった間違いをしてしまったときは意固地になったり、言い逃れをしたりするのではなく、素直に訂正できるジャーナリストでありたいですね。

個々の記者の信頼度が試される時代

森　ネットには「マスゴミ」という言葉が氾濫しています。でも仮にこの国のメディアがゴミのレベルであるならば、それに影響される社会も同じレベルだし、そのレベルの社会が投票した政治のレベルも同様です。メディアと社会と政治は合わせ鏡。北欧の三国がそれを証明している。独裁国家だけどメディアは素晴らしいとか、社会は成熟しているがメディアがゴミのレベル、なんて国は存在しません。この三つは常に同レベルです。

望月　政治をよくするには私たちメディアががんばらなければいけないのは大前提として、受け手である国民も政治を知らないといけないし、そのためにはメディア・リテラシーを高めていくことも大切です。

今は各新聞社の記者たちそれぞれが、ツイッターなどで記事や意見の発信をしています。官邸にべったりの社もあれば、批判的な社もありますから、いろんな記者の考え方を見ていけばいいと思います。

そうやって毎日いろんな情報に触れていくと、「この人の考え方は勉強になる」「この人は信頼できる」と思える記者や有識者がきっと出てくるものです。

森　二〇一九年のマイナビの調査によると、二〇二一年に卒業予定の大学生と大学院生の四八五〇人に「最も信頼度が高いメディア」について聞いたところ、新聞がトップだったそうです。

望月　多分、若い世代は氾濫するネットの情報に晒されて生きてきたため、情報過多の社会の中で生きていく術《すべ》、それをメディア・リテラシーと呼んでもいいかもしれませんが、その術を知らず知らずのうちに身に付けてきたのかもしれません。先ほどネトウヨ系の記事を簡単に信じてしまうメディア・リテラシーのない大学生がいるという話をしましたが、その一方で、きちんとそうしたリテラシーを身に付けている若い人たちが多くいるという実感もあります。

就活中の学生とも、話す機会がよくあります。学生たちは「望月さん、この間の記事では◯◯の問題について言及はありませんでしたがどうしてですか？」とか「記事にあった◯◯の点は本当に事実なんですか？」とシビアな質問をしてくるんですね。そういった学生さんたちを見ていると今の若い世代はとても鍛えられていると感じます。

若い世代の人たちは、ネットの世界に氾濫するフェイク・ニュースの存在を知っています。そして、新聞記者は実際に現場に足を運び、取材したことを記事にしているのも知っている。まとめサイトのようにネット上の情報をつぎはぎしただけの記事と、新聞記者が実際に現場を見て書いた記事と、どちらのほうが信頼できるか、わかっているんですね。

私のような情報を発信する側である新聞記者は、これからは会社を意識しつつも個人としての信頼度を高めていくことにも気を配らなければならないと考えています。今は過去の発言などもネットですぐにたどれますから、軸はブラさずに、「あのとき、望月はこんなことを言っていたのに……」と言われないようにしっかりした意見を発信していかなければなりません。

森　大学のゼミで学生から「テレビと新聞、どっちを信じればいいですか」とか「朝日と産経、どっちを信じるべきですか」などとよく質問されます。僕は「〝信じる〟という言葉を使っている時点で間違っている」と答えます。信じるとは一〇〇パーセントです。それはありえない。誤報は常にある。同時に、すべての情報は虚実のグレイゾーンにある。なぜなら視点によって見え方は変わるから。朝日には朝日の視点、産経には産経の視点がある。なぜならそれぞれのマーケットが違うからです。これが市場原理。そうした意識を持てば、さっきの質問がいかに的外れであるかは自明です。

欧米ではメディア・リテラシーに関して、学校の教育カリキュラムに組み込まれている国が多い。小学校でメディア・リテラシーを教える国もあります。でも日本は大学のジャーナリズムの授業でリテラシー論が出てくるくらいで、一般の学生はほとんど何も知らないレベルです。

望月　一〇代の若者たちにいろいろな学びの場、出会いの場を提供している「カタリバ」というNPO法人があるのですが、私はそこで講演をし、その後に高校生、大学生とディスカッションをしました。そこに集まっていた若者たちはメディア・リテラシーに対する意識がとても高く、情報過多の社会環境の中で自分たちはどう生きていくべきかについて、真剣に考えていました。マイナビの調査結果だけでなく、総務省の二〇一七年調査報告書にも、一〇代の若者のメディア信頼度は一位がテレビ（七一・二パーセント）、二位が新聞（六四パーセント）、三位がインターネット（三六パーセント）とあり、テレビや新聞がネットよりも信頼度を得ていることがわかりました。現場で取材をするマスメディアの情報をベースに政治や社会を考えようという姿勢の若者の姿には驚きました。「カタリバ」のようなＮＰＯやそこに所属するような学生たちがもっともっと増えていけば、私たちマスコミが「マスゴミ」と呼ばれることも少なくなっていくのでしょうね。

註

＊1　『忘れられた皇軍』　大島渚の一九六三年のドキュメンタリー。第二次世界大戦中日本軍属として負傷しながら、戦後、韓国籍になった旧日本軍兵士たちへの戦後補償の在りかた、差別の問題を提示した。

＊2　『Ａ』　森達也監督による一九九八年公開の日本のドキュメンタリー映画。オウム真理教の広報を担当していた荒木浩を中心に、オウム真理教と社会との関わりを内側から見た視点で捉えている。二〇〇二年には続編『Ａ２』が公開され、山形国際ドキュメンタリー映画祭で審査員特別賞と市民賞を受賞。なお『Ａ３』は二〇一〇年に書籍として発表された（集英社インターナショナル、のち

集英社文庫)。

＊3　ウィシュマさん死亡問題　二〇二一年三月、名古屋出入国在留管理局(名古屋入管、名古屋市)の施設に収容中だったスリランカ人女性ウィシュマ・サンダマリさん(当時三三歳)が精神的ストレスから来る体調不良により、食事も歩行もできないほど衰弱し、その後死亡した事件。出入国在留管理庁の報告書によると、ウィシュマさんは三月六日午前中、食事や水分は一切取らず、ベッドに横たわり首を振るなどしていたが、午後一時過ぎ、首をかすかに動かす程度になったという。午後二時過ぎ、看守が脈拍がないのに気づき救急搬送、午後三時二五分、死亡が確認された。緊急搬送された病院の血液検査で血糖値などが異常に高い数値を示していたことが判明しており、医療関係者は早期に点滴を行ない病院に入院させる必要があったと指摘している。入管は報告書で、医療体制や情報共有、職員教育への取り組みが組織として不十分であったとしている。

＊4　給特法　「公立の義務教育諸学校等の教育職員の給与等に関する特別措置法」の略称。公立学校の教員だけに関係する法律で一九七一年に制定された。主な内容は「時間外勤務手当は支給しない」「給与月額の四パーセントを教職調整額として支給する」である。

＊5　Qアノン　根拠のない陰謀論を支持するアメリカの極右集団。その陰謀論は「政財界とマスコミに巣くう悪のエリートたちに対して、トランプ大統領は秘密の戦争を繰り広げている」とするもの。Qアノンが登場したのは二〇一七年一〇月ごろだとされ、以降、根も葉もない不確かな情報を拡散し続けている。統率の取れた組織だった集団ではなく、ネットで収集した情報を拡散することがアメリカを正しい道へ導くと信じている。「Q」は匿名掲示板に登場した政府の内通者を自称す

るユーザー名が由来。「アノン（Anon）」は匿名を意味する「Anonymous」の略。

＊6　オルタナティブ・ファクト　（alternative facts）　二〇一七年、トランプ大統領の就任式のとき、オバマ前大統領の就任式よりも観客が圧倒的に少なかったとメディアが報じたことについて、ショーン・スパイサー報道官が記者会見で観客が少なく見えた理由をいくつか述べ、実際にはオバマ大統領のときよりも多くの観客がいたと主張した（その後のメディアの検証によりこれらの理由は嘘であることが判明）。翌日、テレビ番組でケリーアン・コンウェイ大統領顧問はキャスターから観客数の問題を問い詰められ、「スパイサー報道官は『オルタナティブ・ファクト』を伝えただけ」と反論した。「オルタナティブ・ファクト」はＳＮＳなどで多くの人たちに取り上げられ、社会的に注目される言葉となった。

＊7　『Ｕ　相模原に現れた世界の憂鬱な断面』　二〇二〇年一二月に講談社現代新書より刊行された森達也の著作。二〇一六年七月、神奈川県相模原市の知的障害者福祉施設「津久井やまゆり園」で起こった大量殺人事件。加害者である植松聖（二〇二〇年三月に死刑確定）はなぜ入所者一九名を刺殺し、入所者・職員計二六名に重軽傷を負わせるに至ったのか。植松との接見、手紙のやりとり、さらにジャーナリストや精神科医への取材を通じて、事件の深層に迫った。

＊8　情報公開法　正式名称は「行政機関の保有する情報の公開に関する法律」。二〇〇一年四月に施行された。国の行政機関に対して、行政文書の開示請求を誰でもできることを保障する法律である。「知る権利」に基づき、一般市民が情報の開示を請求し、これらの情報を自由に、また最小限の費用で得る権利を持つことが明文化されている。独立行政法人等に対しては「独立行政法人等の

保有する情報の公開に関する法律」がある。

＊9　秘密保護法　正式名称は「特定秘密の保護に関する法律」。二〇一四年一二月一〇日に施行された。漏洩《ろうえい》すると国の安全保障に著しい支障を与える可能性のある情報を「特定秘密」に指定し、それを取り扱う人を調査・管理し、それを外部に漏らしたり外部からアクセスしようとしたりした人を処罰することを定めた。

＊10　福田村事件　一九二三年（大正一二年）九月六日、千葉県東葛飾郡福田村（現在の野田市）で、香川県から来ていた被差別部落出身の行商人一五名が自警団に襲われ、幼児や妊婦を含む九名が惨殺された事件。当時は関東大震災の直後で「朝鮮人が井戸に毒薬を投げた」「武器を持った朝鮮人が集団で襲ってくる」といったデマが広がり、全国各地で自警団による朝鮮人虐殺が相次いだ。殺された朝鮮人の数は六〇〇〇名を超えるともいわれる。また、福田村事件のように、朝鮮人と間違われて殺された日本人も数十名いたとされる。

＊11　朝日新聞の従軍慰安婦報道問題　朝日新聞は、戦時中の朝鮮・済州島で女性を慰安婦にするため強制連行したとする吉田清治氏（故人）の証言をもとにした報道を、一九八〇―九〇年代に複数回行なった。しかし後に吉田氏の証言が虚偽だったことが判明。朝日新聞は二〇一四年八月五日付の朝刊で吉田氏の証言を「虚偽」と認め、検証記事を掲載した。

第三章　ジャーナリズムの役割は「空気を壊す」こと

日本のジャーナリズムの過去の陥穽《かんせい》①――沖縄返還密約問題（西山事件）

森　一九七一年に起きた西山事件[*1]について、当時の佐藤栄作政権による国民への背信行為を責めることは当然として、当事者である西山太吉記者の過ちについて、望月さんの意見を聞きたいです。この事件にはとてもたくさんの論点があり、しかもそのすべてがジャーナリズムの本質に繋がる問題を提示しています。

アメリカが沖縄を返還するにあたり、当時の佐藤栄作政権とアメリカの間で、アメリカが支払うべき費用を日本が肩代わりすることや、核兵器をこっそり沖縄に持ち込むことができるようにすることなどが含まれる密約が交わされていた。もちろん密約ですから国民には内緒です。

その事実を毎日新聞政治部の西山記者がつかんだ。ただ、西山記者の情報ソースとなった外務省女性職員は、西山記者と男女の関係になっていた。情報を得るために男女の関係になったのか、あるいは男女の関係の女性職員からたまたま聞いたのか、それはわかりません。
同時に西山記者の過ちは、この情報と外務省極秘電文のコピーを、日本社会党の横路孝弘《よこみちたかひろ》議員と楢崎弥之助《ならざきやのすけ》議員に渡して国会で追及させたことです。ジャーナリストが記事を書かずにネタを使って政治に影響を与えようとする。これはダメです。新聞記者としてもジャーナリストとしても、絶対に容認できない行為です。
佐藤政権の意向を受けた検察庁は起訴状でふたりが不倫関係だったことを強調しました。これに国民が反応しました。不倫など許せないとの感覚です。女性週刊誌を中心に激しい西山記者へのバッシングが始まります。毎日新聞に抗議が押し寄せ、当初は知る権利を盾に政府を追及しようとしていた他のメディアも沈黙します。最終的に毎日は販売部数を大きく減らし、謝罪に追い込まれます。
望月　ふたりは国家公務員の守秘義務違反とその教唆で逮捕され、ともに有罪となりましたよね。
森　はい。佐藤内閣は「そういう密約は存在しない」と主張しながら、機密を漏洩したとしてふたりを訴えて有罪になりました。
望月　……あれ。
森　気づくよね。小学生でも「これ、おかしいじゃん」と言うと思う。でも結局のところメディアは沈黙して、国民はこのあからさまな矛盾に気づかない。

その後も自民党政権は、この密約を存在しないとして否定し続け、民主党政権時代に鳩山内閣の岡田克也外相が調査と公開を指示したけれど、その後に政権を取り返した自民党はあいまいな姿勢をとりつづけています。特に安倍政権で秘密保護法が成立したことで、完全な解明はほぼ絶望的になった。ちなみに安倍前首相は官房長官だったときに密約について記者会見で質問されて、存在しないと公に否定しています。

日本政府の密約が問題になりかけながら尻すぼみに終わってしまったこの時期、アメリカではペンタゴン・ペーパーズ事件[*2]とウォーターゲート事件[*3]が起きています。前者はニューヨーク・タイムズ、そして後者はワシントン・ポストがスクープし、ニクソン大統領はアメリカの歴代において唯一、任期中に退陣した大統領となりました。つまりメディアが政治権力に勝利した。中心で取材したニューヨーク・タイムズのニール・シーハン記者やワシントン・ポストのボブ・ウッドワード、カール・バーンスタイン記者たちは、今も国民的な英雄として称えられている。

しかしほぼ同じ時期に、同じように政権の国民に対する背信行為を記事にしようとした毎日新聞は、ぼろぼろになって部数を下げて疑惑はあいまいなままになり、西山記者は逮捕されて刑事被告人となって退社した。この違いは絶望的なほどに大きい。
アメリカの場合は、国民がメディアを応援したからこそ、ニクソンは追い詰められ退陣するに至りました。しかし日本の国民は政府を批判するのではなく、「不倫はけしからん」のレベルに流されてしまった。優先順位を明らかに間違えている。今はもう少し賢くなったのか。僕にはそう思えない。

望月　メディアは、世論の応援がなければ権力とは戦えません。日本は国民の主権者意識、「私たちがこの国を動かしているんだ」という意識が他国に比べて希薄です。

森　だからこそこの国の投票率はとても低い。そもそも政治や社会問題に関心が薄い。政治家の背信行為よりも不倫問題に過剰に反応する。市場原理でメディアはそのレベルの記事ばかりになる。
西山事件について今、世間の人たちに聞いても知らないか、「確か記者が有罪になったよね」くらいの認識レベルでしょう。でもメディアは今こそ、さまざまに問題を提起するこの事件を振り返って検証すべきと思います。

望月　国の根幹を揺るがすような安全保障政策の裏側で、こんな交渉が繰り広げられていた。どう考えても、私たちメディアが取り上げなければいけなかったのは密約を交わした日米両政府です。しかし、最初は他紙も毎日を応援しようとしたものの、当時の国民からの不倫に対する反発があまりに強かったため、臆してしまい、結果的に日本のメディアは「視聴率が取れるから」「販売部数が伸びるから」と安易な商業主義に乗っかり、知る権利やジャーナリズムなどはそっちのけで新聞記者と外務省職員の不倫のほうに注目したのです。このような社会の風潮は残念ながら今もたいして変わっていません。いや、むしろ酷くなっているかもしれませんね。

日本学術会議や憲法改正の問題をテレビでやろうとすると、局の担当者から「それは視聴率が取れないんですよね」と真っ先に言われます。今私が積極的に取り組んでいる出入国管理法改正案の問題も、国民の関心度が低いことなどもあって、紙面で大きく取り扱うことが困難な状況です。

本質的にメディアが視聴率至上主義になったことによって、送り手の側である私たちメディアは受け手である視聴者や読者のウケばかりを考え、ジャーナリズムの根幹をなす「伝えるべきことを伝える」ことをしていません。だから今、メディアで取り上げられているのは有名人の下世話な話題ばかりです。

森　あとは大谷（翔平）選手の活躍。

望月　日本のメディアは今こそ、もう一歩踏み込んで報道の在りかたを考えていくことが必要だと思います。国民の関心の次元のベクトルを変えるのは容易ではありませんが、メディアが少しずつでもそこを変えていけるよう報道の在りかたを考えていかないと。

それと疑問なのは、西山事件において、なぜ毎日新聞が大々的にスクープ報道しなかったのか。西山さんはなぜ社会党の代議士に情報を流したのか。この点は明らかになっているのですか。

森 当時、西山さんは小さい解説記事を一度だけ書きましたが、それは核心に迫るものではなく、反応を伺う観測気球的な小さな記事でした。なぜその後に記事を書かなかったのか。僕も不思議です。二〇〇五年に西山さんは「密約の存在を知りながら違法に起訴された」として国家賠償請求訴訟を提起しました。もしも受理されていれば公開の場で明らかにされたかもしれないけれど、訴えは棄却されています。ただし翌年、対米交渉の窓口だった外務省の吉野文六アメリカ局長（当時）は、朝日や北海道新聞などの取材に対して、密約の存在を認めるとともに、当時の河野洋平外相から口止めされていたことなども明かしています。

望月 本来であれば一面トップで扱われるようなビッグニュースがそうならなかったのは、何かしら理由があるはずです。普通の記者の感覚であれば、新聞協会賞[*4]を取れるような超特大級のネタです。なぜ、西山氏はこの一面級の記事を自ら書くことをせず、国会議員に質問をさせたのか、非常に気になります。いずれにせよ、国策捜査による逮捕になったのかもしれませんが、記者として、事実を伝えるための手段は、新聞を通じてもっとあったのではないか、と思わざるをえません。

男女の関係を利用して情報を得たという西山さんの取材方法について、どう思われますか？

森　二〇〇三年に琉球《りゅうきゅう》朝日放送は、沖縄返還の密約をテーマにしたドキュメンタリー番組「メディアの敗北」を放送しました。この作品でディレクターの土江《つちえ》真樹子さんが、ワシントン・ポストのベン・ブラッドリーにインタビューしています。ブラッドリー、わかりますか。

スピルバーグが監督した映画『ペンタゴン・ペーパーズ　最高機密文書』では、当時は編集主幹でスクープの立役者の一人である彼を、トム・ハンクスが演じています。

記者が不倫関係となった女性から国家の機密文書を入手したと土江さんから聞いたブラッドリーは、「ブラボー！　それこそ新聞記者だ」と答えています。

望月　なるほど。アメリカには、そのような男女間の関係性を利用して情報を得ようとするのは間違っているという考え方がないのでしょうね。

森　うーん。さすがにアメリカでも、ブラッドリーはかなりラジカルだと思います。まあでも、国家の巨大な不正や悪を暴くためにはぎりぎりの手法は正当化される、という意識は強いんじゃないかな。

望月　外務省職員だった彼女の立場からすれば、現在なら国家公務員倫理法で刑罰に問われるような重大な違法行為です。それなのに彼女はなぜ西山さんに情報を渡したのか。その動機が彼に対する愛情だけだったのかといえば、私はちょっと違うのではないかと感じます。

私が検察や警察からネタを取るとき、だいたいの場合、はじめは取材対象者からまったく相手にされません。でも熱意を持って何度も何度も取材を続けていくと相手も私の本気度を理解し、少しずつ情報を教えてくれるようになっていきます。相手の熱意を感じ、少しずつ心を開いていく。これは人間の関係性の中で当たり前に生じる感情ではないでしょうか。

外務省職員は西山さんに好意があったのかもしれません。しかし、西山さんの密約に対する問題意識、日本政府はアメリカと共犯関係にあるのに、国民を欺こうとしていることへのジャーナリストとしての怒り、意気込みみたいなものに、彼女はどこかで共感していたのではないか、だからこそ情報を渡そうと決意したのではないかなと。単純に男女の関係があって、情にほだされて違法行為を行なったのではないのではとも思うのです。

報道のプライオリティが崩れている

森　市場原理について考えます。新聞社もテレビ局も出版社も、ＮＨＫは別として基本的に営利企業です。だから視聴率や部数を気にすることは当たり前。営利がなければ取材もできないし、社員や関連会社が存続できなくなる。

でも同時に、市場の原理だけではなく、メディアにはジャーナリズムの論理も必要です。ところがそのダイナミズムが日本のメディア各社には薄い。なぜならジャーナリズムの論理は個を基盤にしている。でも日本のメディアでは記者の組織への従属度が強いから、みんなが会社員になってしまう。ならば会社の論理が優先されることは当然です。こうしてジャーナリズムの足腰が弱くなる。

リテラシーの観点からは、ニュースのプライオリティを考えることも重要です。一面で扱われれば大事件だと読者は思うし、小さな記事なら目に留めてもくれないかもしれない。でもその配置は誰が決めるのか。例えば朝日新聞や東京新聞は辺野古基地についての記事を一面に載せるけれど、産経新聞や読売新聞は二面か三面、もしかしたら載せないかもしれない。

総務省幹部の接待問題にしても、大きく扱えば読者は「大問題だ」と当然感じるでしょう。でもあれが小さな記事だったら「こんなことをまたしたのか」くらいの読後感で終わってしまいます。少し前、老人が高速を逆走したり事故を起こしたなどの記事が毎日のように報道された時期がありました。なぜ急に多くの老人が暴走し始めたのか。これは喫緊の大問題だ。多くの人はそう思う。でも実際には、別に増えたわけではない。二〇一九年に池袋で起きた老人の暴走事故をきっかけに国民の関心が強くなったから、それまではニュースにならなかった小さな事故がバリューを持ったということです。こうしてニュースは決められる。それを見たり読んだりする側は大きく影響を受ける。ニュースの価値は市場が決める。それはある意味で正しい。でもそうであるならば、下世話な好奇心にあふれた社会では、下世話な好奇心に応えるような記事ばかりが優先されてしまう。

望月　記者として、この問題を大きく扱いたいのに扱ってもらえないというジレンマはいつも抱えています。

三月八日は「国際女性デー」[*5]です。今年（二〇二一年）は、私も含めて各新聞社の女性記者たちが「三月八日に紙面でジェンダー平等を大きく取り上げよう」と事前に動いていたのですが、東京新聞はミモザのフレームを作るなどして、大きく紙面展開できましたし、朝日新聞は“Think Gender”というワッペンを使うなどして、大型の記事を掲載、共同通信は、地方紙と連携してジェンダー問題を積極的に取り扱っていましたが、毎日新聞などは、広告が取りづらい、東日本大震災から一〇年を迎えるための企画がたくさんあるなどの理由でネット上ではいろいろ取り組んでいましたが、大きな紙面展開はできなかったと聞きました。読売新聞や産経新聞などは扱いがそもそも小さい、ほとんど取り上げていないような状況に見えました。まだまだジェンダー問題にマスコミが真剣に取り組んでいくには、進みつつあるとはいえ、時間がかかるように感じました。世の女性たちやLGBTQの方々の声を聞いていると、のんびりしているような時間もないと感じますが。国際女性デーは社会の中での女性の平等を求めて始まったものです。森喜朗前東京五輪・パラリンピック組織委員会会長は女性蔑視発言で、辞任に追い込まれた。これまでにああいった女性蔑視発言で議員が辞職したり、元総理が役職を追われるようなことはなかったのではないでしょうか。それだけ今回のことでは、私くらいの世代よりも一〇代、二〇代、三〇代の若手世代の怒りが充満しているのを感じました。マスコミがのんびりしている暇などありません、日々、情報のアップデートが求められていると思います。

森　水泳の池江璃花子《りかこ》選手が日本選手権の一〇〇メートルバタフライ決勝で優勝して東京オリンピックの代表に内定した翌日の四月五日、ほとんどの新聞が一面に池江選手の記事を大きく載せました。ほとんどと言った理由は全部をチェックしていないから。もしかしたらすべてかもしれない。

池江選手は努力を重ね、白血病から復帰したばかりなのに見事に優勝した。それ自体はすごいことだし、記事にするのは当然だと思います。でもなぜすべての新聞社が池江選手の優勝を一面にするのか？　新聞なら紙面は有限だしテレビなら時間の制限があります。池江選手の情報が一面に来るということは、それ以外の重要なニュースが消えていることを意味します。この時期に「まん延防止等重点措置」がスタートしているし、総務省幹部の接待問題やウィシュマさん死亡に端を発する入管の問題など、取り上げるべきニュースはたくさんあったはずです。

でももしも池江選手一面の日に、僕がツイッターなどで違和感をつぶやいていたら、きっと大炎上していただろうな。日本社会は同調的な空気がとても強い。そしてこのような空気を壊すことこそ、ジャーナリズムのなすべき大きな使命であるはずなのに、その同調的な空気をメディアが率先して煽っている。

ニュース番組のエンタメ化をどう考えるか

望月　過去、機密漏洩事件はいろいろと起きていますが、リークする側とされる側の問題意識が同じ方向に向かっていないと成り立たない話ですよね。

事件が起きた後、日本は問題の主題よりも、そのサイドストーリーのほうに目が行ってしまう傾向があるように思います。西山事件などはその典型例ではないでしょうか。

アメリカのように、国民全体が「民主主義の根幹に関わること」に敏感だと、何か事件が起こってもメディアが肝心の部分を蔑ろにして他の部分に目をやることは少なくなるはずです。

日本のメディアは読者ウケ、視聴者ウケを第一に考えますから、事の本質を見失いがちです。だからメディアがもっと自分たちのジャーナリズムに則って報道をしていかなければいけないと思いますし、受け取る側の一般の人たちもその報道が本質を突いているのかどうかをもっと考えていってほしいですね。

森 かつてテレビのワイドショーは、芸能人の離婚や不倫といった世俗的な話題を扱うことが主流でした。それを劇的に変えたのは、テレビ朝日系列の「アフタヌーンショー」（一九六五―一九八五年放送）です。司会が途中から川崎敬三さんに代わって、芸能人の離婚や不倫といった話題だけではなく、事件ものも取り上げるようになりました。ただしこれも、そうした理念や使命感があったということではなく、事件ものが視聴率を取ることに気づいたからです。こうしてワイドショーのニュース番組化が徐々に進みます。逆にニュース番組のエンタメ化は、久米宏さんがキャスターとして起用された「ニュースステーション」（一九八五―二〇〇四年放送、テレビ朝日系）から始まります。それまでのニュース番組は、テレビ各局のお荷物というか、視聴率は取れないけれどもやらなければならない番組のひとつという位置付けでした。どの局のニュース番組も、今のＮＨＫのようにアナウンサーが淡々とニュース原稿を読み上げていくスタイルでした。ところが「ニュースステーション」が、報道も十分に商業価値を持つことを証明してしまった。

こうして他局もニュース番組の作り方を変えていきます。「アフタヌーンショー」以降、ワイドショーがニュース番組に近づき、「ニュースステーション」以降、ニュース番組がエンタメに近づくという、それぞれに歩み寄っていくような流れが生まれました。「ニュースステーション」創設時のスタッフと話をしたことがあります。日本のジャーナリズムに対して貢献した部分とダメにした部分の双方ある、と先輩たちは語っていました。

望月　局内的な立場でいえば、報道と制作のどちらのほうが権限が強いのですか？

森　テレビ局では、ニュース番組は報道部が、ワイドショーは制作部が作ります。昔からの流れですが、局内では制作部より報道部のほうが上というような空気があります。映像素材をワイドショーには貸さないとかの現場は何度か見ています。素材を煽情的に使われたくないとの思いもあっただろうし、ワイドショーに対して上から目線であったことも否定できないと思う。

報道番組に比べれば、ワイドショーが表層的で刹那的であることは確かだし、裏取りなどが疎《おろそ》かになる傾向も否定できないけれど、ワイドショーのニュース番組化自体を悪いこととは思いません。むしろ問題は観る側。大学で学生たちもよく、昨日のテレビのニュースでこう言っていました、などと言うから、そんなこと本当にニュースで言ったのかと驚いてよくよく聞いたら、実は昼のワイドショーだったということは何度もあります。

この話題からもう一歩踏み込んで、芸能人の下世話なスキャンダルから政治権力の腐敗や不正のスクープまで、何でもありの「週刊文春」の在りかたも、現在のジャーナリズムに携わる人ならば正面から考える必要がある。「週刊文春」はある意味でタブーがない。まあ作家タブーはあるようだけど、基本的には国民が興味を持ちそうならば何でもやる。その意味では決してクオリティメディアではない。記者クラブにも入れない。ところがその「週刊文春」が、メインストリーム・メディアが暴けなかった事実を次々に暴いてしまう。その意味をメディア側はもっと真剣に考えないといけない。

望月　水曜の午前中くらいに「週刊文春」の広告の早刷りが上がってきます。すると政治部の人間が「明日の国会はこの話題か」とそこからプランを練り直したりしています。毎週毎週、国会内の動きが文春の報道によって決まっている。新聞社に勤めるひとりの記者として、この流れはどうにかしていかないといけないと強く感じています。

森　朝日新聞とNHKのバトルにまで発展したNHKの番組改変問題[*6]についても、望月さんの思うところを聞いてみたい。

経緯をざっくりと説明すれば、NHK教育テレビ（ETV）のドキュメンタリーシリーズ番組で、NGOなどが主催した民間法廷「女性国際戦犯法廷」が企画されました。民間法廷は今、世界の多くの国で行なわれている取り組みで、もちろんあくまでも模擬法廷です。特に女性の立場から戦争責任を追及するこの法廷に、実際の慰安婦やこれを利用した元日本軍兵士たちが証言者として登壇し、判事や検察としてアメリカやオーストラリアなど多くの国から女性が参加し、最後に天皇裕仁《ひろひと》の戦争責任を有罪と判決しました。この催しを準備段階からNHKは撮影していたのだけど、編集が終わって放送直前にNHK上層部から「内容を変えろ」と指示が出て、慰安婦や兵士たちの証言、そして最後の判決のシーンが削られて放送した問題です。それから四年後の二〇〇五年一月に朝日新聞が、このときNHKの松尾武放送総局長など幹部たちに対して、安倍晋三内閣官房副長官と中川昭一経済産業大臣が圧力をかけたと一面で伝えます。事実なら大問題です。ふたりの政治家はこの報道を否定し、NHKは自局の番組「ニュース7」で「朝日新聞虚偽報道問題」と銘打って連日、朝日新聞を非難する放送を行ないました。一方の朝日新聞もテレビ朝日の「報道ステーション」で反論するなど、NHK対朝日新聞の社を挙げての全面対決となりました。でも朝日の記事が出た翌日、この番組のデスクだった番組制作局の長井 暁《さとる》チーフプロデューサーが記者会見を行ない、政治介入は確かにあったと証言し、その後に番組を担当していた永田浩三プロデューサーも政治介入があった事実を肯定しました。安倍副長官から松尾総局長に対して、「ただではすまないぞ。勘ぐれ」との言葉があったとの事実も明らかになっています。

望月 その後NHKが記者会見に応じたとき、記者から「尺が短くなったことについてどう思いますか」と質問を受けた松尾総局長は「テレビではよくあることです」と答えたのですよね。

森 そうそう。この会見を見たテレビ業界の人は僕も含めて誰もが、膝から力が抜けたはずです。そんなことが頻繁にあるはずがない。だって基本的には放送事故です。

望月 NHKの腐敗はあのころからだんだんと酷くなる一方ですよね。二〇二一年四月にも長野で行なわれた聖火リレーで沿道から「オリンピックに反対」という声が聞こえた途端に音声が三〇秒ほど途絶えるという問題が起きました。

森 元テレビ関係者の立場から言えば、あれは明らかにマニュアルというか、事前に上から何らかの指示が下っていたと思います。指示なしで現場の判断だけで三〇秒もの長い時間、音を消せるはずがない。例えば特定の民族を口汚く罵るヘイトスピーチが生放送に混入してきた場合なら、現場の判断で音声は消してもいいと僕は思う。でもその場合においても、音声を消した理由の説明責任は果たさねばならない。

望月　音声削除の問題ではＮＨＫは「さまざまな状況に応じて判断し、対応した」としていますが、それ以上の明確な理由は述べていません。

森　公共放送としての使命を果たしていない。それと多くの人は「消す」ことに対しての感度が低いけれど、もしもライブ中継と言いながら別の映像を取り込んでいたら、つまり足していたら、捏造《ねつぞう》として大問題になるはずです。それと位相は変わらない。足すも引くも加工です。

「クローズアップ現代」問題から見えるＮＨＫの腐敗

森　番組改変問題が起きてから二〇年が過ぎました。現場も幹部も世代交代しているはずです。ならば政治権力に弱いＮＨＫの体質は変わったのか。まったく変わっていません。二〇一八年の「クローズアップ現代＋」がかんぽ生命保険の不正販売を追及した内容を放送したとき、日本郵政グループから抗議を受けたＮＨＫの経営委員会が番組に圧力をかけ、予定されていたパート2の放送を中止させました。経営と制作は分離されていることが前提です。番組介入は放送法に違反しています。しかも議事録をなかなか公開しなかった。二〇二一年七月にようやく公開されたけれど、「これが外に洩れたら相当に大きな問題になる」との発言もあり、違法性は認識していたと思われます。さらにその議事録もかなり改竄されている可能性がある。日本郵政側のキーパーソンは鈴木康雄上級副社長です。彼は元総務事務次官で長く放送行政を監督する立場にいて、自民党の国会議員、特に総務省に強い力を持つ菅首相ともきわめて近い。ならばＥＴＶ番組改変問題と構図はほぼ同じです。鈴木副社長の抗議を受けて番組に圧力をかけた森下俊三経営委員長（当時は代行）は説明すべきです。そういえば一二人の経営委員は首相から任命されるんだよね。数年前のＮＨＫ経営委員には、安倍前首相の人脈の百田《ひゃくた》尚樹氏や長谷川三千子氏が送り込まれていた。やりたい放題です。ついこの間、東京新聞は社説でこの問題を激しく批判していた。当然の姿勢です。

望月　第一章で少し話に出ましたが「クローズアップ現代」は国谷裕子キャスターが外れてからは「クローズアップ現代＋」となり、その後もずっと続いてきました。しかし、二〇二一年四月、「インファクト」[*7]編集長で元ＮＨＫデスクだった立岩陽一郎さんが「クローズアップ現代＋」が二〇二一年度をもって終了するというスクープ記事を掲載しました。

森　ＮＨＫ側はすぐに、「事実無根」だから記事を削除するように求めてきた。

望月　私もすぐに知り合いのＮＨＫ関係者何人かに電話で確認をしました。すると番組刷新やリニューアルは普通に議論されていて、現場でも広く改革案を募っているといいます。それにもかかわらず「事実無根」とは何なのだと、その後も私は取材を続けました。

NHK広報部に「何が事実無根なのですか？」と聞いても「いや、つまり、事実無根です」とか返してくるので「番組をリニューアル、刷新することさえないということですか？」「いや、番組の制作過程についてはお答えできない」「今続報で物的な資料も出ていますがあれも嘘なんですか？」「嘘かどうかはわからない」と同じメディアに携わっている人間とは思えない、本当に酷い受け答えで、もう会話にならないわけです。

森　なんか菅官房長官と望月さんのやりとりを思い出す。

望月　多分、上層部に「余計なことは一切言うな」と言われているのでしょうけど。

立岩さんが現在のNHKを巡る諸々《もろもろ》の問題点を「インファクト」で記していますが、今の流れは、現会長である前田晃伸《てるのぶ》会長がNHKを改革するために大鉈《おおなた》を振るっているからだとしています。

政界だけでなく、経済界などの権力とは一線を画し、NHK独自の路線を歩んでいくと。そのために、現在NHKの内部にいる政界や経済界とパイプを持つ人間も排除したいらしいのです。

森　確かに現在の「クローズアップ現代＋」のスタッフたちの士気は高いです。調査報道の在りかたを本気で考えているプロデューサーやディレクターたちが集結しています。

望月　私もそう思います。ネット動画全盛の今、テレビは新聞と同じように若い世代からは古いメディアと思われています。ＮＨＫ世論調査部がまとめた「放送研究と調査」（二〇二〇年二月）によると二〇代の約三割がリアルタイムでテレビを見ず、テレビ離れが顕著で、若い世代にはほぼ見てもらえていないという状況なのだそうです。ＮＨＫとしてもそういった点には非常に強い危機感を持っているようです。

若い世代にも見てもらうようにするには、もっと違う新機軸を打ち出さなければいけない。一大改革を行なう準備段階として試行錯誤を続けているのが、ＮＨＫの現状だといっていいでしょう。今後、ＮＨＫがどのように改革を進めていくのか、注視していきたいと思います。

ニュース番組の編集権は誰にあるのか

望月　ＮＨＫの番組改変問題で、番組の編集について話が出ました。「編集の自由」とよく聞きますけど、テレビでの編集は誰の裁量に委ねられているのですか？

森　「放送番組編集の自由」は放送法第三条[*8]で規定されています。簡単にいえば、番組の編集は原則として誰からも制約は受けず、自主的に行なうことができる。特に国家権力からの干渉は受け付けない、というものです。

基本的にテレビの編集権は、それを取材した記者やディレクター、プロデューサーが持っています。ただし組織だから、放送総局長や番組制作局長、あるいは役員や会長が編集に意見を言うことは、極めて例外的だけどありえます。でもそれも、外部からの圧力や介入がないことが前提です。国会議員だろうが大臣だろうが財界の大物だろうが、放送前の編集に影響を与えることなどあってはならない。意見はあってもいい。でも編集を変えさせる強制力はない。もし仮に第三者の介入があったとしても、それははねつければいい。その権利を制作者は与えられています。だから、NHKの番組改変問題に関して言えば、問題の根源は介入した国会議員だけではなく、それを受け入れたNHK幹部の側にもある。

安倍晋三議員が松尾武総局長に言ったとされる「勘ぐれ」が象徴的です。編集を変えろと自分が強要したら政治権力の介入になる。だから忖度しろ、ということです。強制的な忖度。松尾総局長は「できません」と即答すればいいだけだった。あるいは、ちょっと何言ってるのかわかりません、とサンドウィッチマンのボケをかまして帰ってくるべきでした。そして放送後に、こういう圧力をかけられたけれど当然ながら拒否しました、と記者会見で公表する。まあそもそも、放送直前に呼びつけられた幹部たちが、議員会館に馳《は》せ参じた段階でアウトだけど。用があるならそっちが来い、と言うべきです。政治に対してジャーナリズムが弱腰すぎる。もっと傲慢にふるまっていいんです。ついでに言うけれど、議員を先生と呼ぶのはやめたほうがいい。

望月　新聞の場合、編集権はもちろん記者である私にもありますが、実際に新聞に載る、載らないということでいうと、編集権はデスクだったり、部長、局長といった私より上の立場の人たちにあります。取材をして記事を書いても紙面のスペースがなくて載らない、もしくは記事をかなり削られてしまうといったことは多々あります。

でも最近は東京新聞にもデジタル編集部ができたので、デジタル版で掲載してもらえる、あるいはデジタル版で文字量多めに掲載できたということが多くなりました。だから載る、載らないでやきもきしていたストレスは、昔に比べればだいぶ減りましたね。

SNSが盛んになって、ツイッターなどで個人の意見を発信できるようにもなりました。これはある意味、自分だけに「編集の自由」があるといえますが、それだけに責任も重大です。私はツイッターでの発言が炎上して、会社に迷惑をかけてしまったことが、過去に何度かあります。自由には責任が伴いますからね。そこは気をつけていかないといけないといつも思っています。

望月　二〇二一年三月一二日に日本テレビ系列で放映された「スッキリ」の中で、アイヌ民族を差別する発言があったとして大きな問題となりました。

お笑い芸人が番組の中で、「あ、犬」とアイヌ民族に引っかけたダジャレを言いました。この発言を知った北海道アイヌ協会が日本テレビに抗議をして、ＳＮＳでも多くの批判の声が上がりました。

この問題には政府も動きます。三日後の一五日、加藤官房長官が「あの表現はアイヌの人々を傷つける極めて不適切なものであり誠に遺憾だ」と表明し、日本テレビにも抗議をしたと述べました。政府の発言を受けて日本テレビの小杉善信社長も謝罪をしましたが、番組が打ち切りになってもおかしくないくらいの大問題だと思うのですけど。

森　アイヌの映画を番組内で紹介するときに、コント仕立てで芸人がそれを紹介しようとして「あ、犬」とダジャレを言った。この発言は確かに問題だけど、もっと大きな問題は、当のお笑い芸人もディレクターもプロデューサーも、とにかく番組に携わる人たちがこの発言の何が問題なのかわからなかったことです。

「犬畜生」は体毛が濃いとされるアイヌの人たちに対する最低の蔑称です。制作者サイドにそういった歴史認識がない。無知は暴力です。ましてテレビという影響力の大きなメディアで働くならば、多くの人を加害することになる。被差別部落問題にしろ在日朝鮮人問題にしろ、日本人は自分たちの加害の歴史から目を背ける傾向がある。メディアがこれを助長します。その帰結として歴史が消える。ＮＨＫ番組改変問題の本質は、従軍慰安婦よりも天皇の戦争責任にあったと思う。でもメディアはその文字を見出しにしたくない。結果として本質が変わってしまう。差別の根源は無知です。メディアがこれを再生産している。

望月　政府自体がアイヌ民族だけなく、部落問題もそうですけど加害の歴史を直視していませんからね。森さんは「無知は暴力」と仰いましたが、その無知を生み出した責任の一端は政府にもあります。本当なら加藤官房長官は「遺憾だ」と日本テレビを非難するだけでなく、そういった加害の歴史問題に対して何もしてこなかった政府の責任も認めないといけませんよね。

コミュニケーション・ツールへの依存が招く同調圧力

望月　インターネットやコミュニケーション・ツールの普及によって、今の社会は家にいながらにしていろんな人とコミュニケーションが取れるようになりました。

新型コロナ禍となって「Ｚｏｏｍ」のようなビデオチャットサービスも仕事、プライベートを問わず、多くの人に利用されています。

瞬時に多くの人とコミュニケーションが取れる今の社会は便利といえば便利ですが、ある意味、コミュニケーション過多になってしまっているようにも感じます。そんな状況にあって、今の若い世代の人たちは、私たちが若いころに感じることはなかった新たな苦しみと対峙しているようです。これは私の同僚から聞いた話です。

ネット用語に「ぼっち」というものがあります。

森　「ひとりぼっち」の「ぼっち」ですか。

望月　森さんも「ぼっち飯（ひとりでご飯を食べること）」とか聞いたことありますよね。それで、同僚のお子さんが高校に入学してから、子供の様子を見ていると、とにかく「ぼっち」になることをみんなが恐れていると。入学式で会う前からクラスのみんながSNSで繋がっているらしく、特に女子にその傾向が強いらしいんですけどね。

森　意外だな。女性のほうが社会性はあると思っていたけれど。

望月　入学してからもぼっち飯にならないように、帰りもぼっちにならないようにと、とにかくぼっちを回避するために全力を尽くす。ぼっち回避のためだけの学校生活は、それはそれで結構きついわけですよね。どこかの集団に常に属していないと、という感覚は強迫観念にもなってしまいます。だから今の若い子たちには、ひとりぼっちというものがとても嫌なものとして捉えられているようです。

私なんかは「ひとりぼっちだったらひとりぼっちでいいじゃん。その分いろんなことに時間を使えるから」と思ってしまうタイプなので、ひとりぼっちを嫌なものだとか、苦に感じたことはありません。世の中の集団の空気と別に、「自分はどうなのか?」「自分はどうあるべきか?」と考える。このようにひとりでじっくり何かを考えるということは、人生においても、とても重要だと思います。

ツイッターにはぼっちにならないためのハッシュタグまで最近では付いています。こんな状況なので当然ですけど、ぼっち回避に疲れてしまっている子もたくさんいるようですね。

同僚の記者から今の子たちは、コミュニケーション・ツールをたくさん使いこなしてはいるけれど、それと同時にいろんな苦労も味わっていると聞いて、あらためて「今の子たちは大変だな」と。ネットの中の同調圧力に責め立てられているというのか。

森　テレビ業界に入ってまだ日が浅いころにADとして指名されたレギュラー番組が「東京に暮らす外国人を取り上げる」という趣旨のドキュメンタリーでした。タイトルは「東京者」。フジテレビの深夜番組です。韓国の女子留学生を被写体にしたとき、ロケ二日目か三日目に大学に行ったら、なんとなく機嫌が悪い。どうしたのだろうと思っていたら、「どうして日本の大学生はひとりでトイレに行かないのですか」と質問されました。要するに休み時間になるたびに女の子たちが寄ってきて、ねえトイレに行かない？と誘ってくると。あまりに鬱陶しいから「トイレぐらいひとりで行きなさい」と言ってしまったらしい。

望月 大学で思い出しましたけど、就職活動のスーツもみんな一色でちょっと気持ち悪いですよね。

森 今は大学の入学式もみんなほぼ一色です。僕が学生のころは、高下駄を履いたり、どてらを着たりしている学生がキャンパスをうろうろしていたけれど、……白状すると僕もそのひとりだったけれど、今はそんな学生はまったく見かけない。

学生だけじゃないですね。社会全体がそうなっている。個が弱くて集団が強い。集団の一部になりたいとの気分が強くなっている。そもそも東アジアは集団性が高い。つまり群れやすい。でも韓国や中国は、日本よりも個は強いような気がします。ただし集団化は人類の本能です。

望月 この社会の中で、人はひとりでは生きていけないですからね。

森 「人は弱いから群れるのではない。群れるから弱くなるのだ」は寺山修司の名言です。「弱くなる」を「無力なのだ」と言ったのは竹中労。すべての組織ジャーナリストは、この二人の先人の言葉を噛みしめるべきと思うけど、生物学的には少し微妙です。最初に樹上から地上に降りてきた人類の祖先は四五〇万年前のラミダス猿人です。地上に降りた彼らは直立二足歩行を始めると同時に、群れることを始めました。弱いからです。樹の上には天敵はほとんどいないけれど、地上には大型肉食獣がたくさんいる。一人だとひとたまりもないけれど群れならば対抗できる。イワシにメダカ、ヒツジにトナカイ、ムクドリやスズメなど群れる生きものは多い。その共通項は弱いことです。ただし群れには副作用がある。全体で同じ動きをしようとすること。つまり同調圧力です。「私」や「僕」など一人称単数の主語が消えて「われわれ」とか「帰属する組織」が主語になる。だから全体が走れば自分も走る。右に曲がれば自分も曲がる。ミラーニューロンが進化した。多数派と同じように動こうとする。なぜとかは考えない。違和感は口にしない。こうして大きな過ちを起こす。戦争や虐殺はその典型だけど、人類の歴史は集団化による過ちの繰り返しです。

でも人は個では生きられない。もちろん、集団の力がポジティブに働くこともあります。集団化するからこそ人類は文明を持つことができた。だから集団化を一概に否定はできない。ならばどうすればいいか。集団の過ち、つまり歴史における自分たちの過ちをしっかりと直視して、一人称単数の主語を意識しながら日常を送る。

望月　組織の毒を常に意識しておくということですね。私はあまり意識せずに、組織に属しながらひとりでやってきましたけど。

森　望月さんはそのタイプ。個が強い弱いではなくて眼中にないよね。しかも方向音痴だから集団と一緒に動けない。だからあなたを被写体にした映画のタイトルは『i』。ネイティブなジャーナリストです。見ているとそれはよくわかる。だから支持する人も多いはず。

望月　SNSで叩かれもしますが、励ましてくれる方も確かに増えました。でも発信する側の私も、その副作用を常に意識しておかないといけないですよね。

森　エコーチェンバーという現象があります。閉鎖空間でコミュニケーションを繰り返すことで特定の思想信条や思考の方向が強化されてしまう。SNSはエコーチェンバー現象が起きやすい空間です。ツイッターでフォローしている人は基本的に自分と波長の合う人だから。こうして分断が激しくなる。

主権者意識が希薄な日本人

森　デモクラシーの語源は「多くの人の力」です。本来なら古代ギリシャのアテナイのように、国民一人ひとりが政治や決定に関与する直接民主主義が理想です。でも多くの人は忙しい。だから国会議員を選んで代わりに政治をやらせる。

つまり主権者は国民です。同じことはメディアにも言える。「ミャンマーの市民たちの生活はどうなったのか」「自民党の派閥間抗争はどのような局面を迎えているのか」「気候変動は今後どのように推移すると予測されるのか」、こうした疑問について、国民一人ひとりが自分で現地に行ったり確認したりすることは不可能です。だからメディアに代わりに調べさせる。現場に行って見聞きしたことを情報として提供させる。

偉そうに記者の質問に答えているあの政治家も、実はあなたの代わりです。戦場から命懸けで映像を送ってくるジャーナリストも、あなたに代わって取材しているんです。主体は国民一人ひとりなのです。でもこの国の人たちはその意識が薄い。政治家に国を統治してもらっていると思っている。危険な地域で拘束されたジャーナリストに対しては自己責任だと嘲笑する。

taxpayerという言葉が示すように、英語圏では税（tax）は支払う（pay）ものです。だから対価があることが前提。インフラを整えたり福祉や公共事業です。でも日本語では税を納める。つまり年貢です。一方的に収奪されるだけ。ここにも主権者意識の希薄さが現れている。

望月　「やってもらっている」という受け身的な意識では、リテラシーも根付いていかないと私も思います。主体的に、「自分は主権者である」と意識を根底から変えれば、自分はどうすべきなのか見えてきますよね。

森　受け身的な思考は、日本の風土、文化、民族性、教育、それらすべてを通じ、長い時間をかけて育まれてきたものなので、それを変えるのは簡単なことではない。でも遺伝子レベルで日本人のＤＮＡに刷り込まれているものでもない。リチャード・ドーキンス（イギリスの進化生物学者、動物行動学者）が提唱したミーム（人の心から心へと伝達・複製される自己複製子という概念）に近い。ならば変わります。メディアと教育が変わるだけでも、この国の雰囲気は大きく変わるはずです。……まあ、それがとても高いハードルであることは事実だけど。

望月　主権者という意識を持つには、この国を動かしていくのは自分なのだという主観で物事を見ていくことが大切ですよね。最近、私も新聞記者として、主観を入れて訴えていかないと真意はなかなか伝わらないのかなと実感しています。

先日、出入国管理法改正案に反対する有志の会の賛同人として名前出しをしました。他社の記者の中には、気持ちは反対でも、記者は中立の立場であるべきとして名前出しをしなかった人もいます。

私も入管庁に取材もしていますから、本質的にはそういった場に名前は出さないほうがいいのでしょう。でも、今回のウィシュマさんから続く入管に関する問題には怒りも感じていますし、いてもたってもいられないから名前出しをしたというのが本当のところです。

そんなわけで、入管法反対に関しては、会社の名前は入れずに個人名で名前出しをしました。

森　欧米のメディアは自分たちの政治的立ち位置を明確に公表します。組織だけではなく記者たち一人ひとりも、自分を主語にした記事を書く傾向が多くなった。日本のメディアも記者も、もっと主体的に判断しなければいけない。田母神《たもがみ》俊雄航空幕僚長（当時）が過度に保守的なイデオロギーを懸賞論文でいきなり露にしたとき、公職の立場にある人はそうした思想性を表明すべきではないと多くの人は批判した。僕は逆だと思う。公職についているからこそ、思想性やイデオロギーはしっかりと明示しなければならない。記者も同じです。無理に公言する必要はないけれど、絶対に隠すべきではない。

望月　メディアが中立であろうとするがゆえに、それを政治に利用されてしまっているのが現状なので、だったら私たちメディアも立ち位置を明確にして、「政治権力を常に疑っていますよ」というスタンスで政治と関わっていってもいいのかなと。

森　さっきのウィシュマさんの話だけど、ご遺族が来日して、それ以降はどのような経緯をたどっていますか？

望月　お母さんと妹さんが来日し（二〇二一年五月一日）、メディアを通じて入管に真実を明らかにするように訴えています。それとは別に、入管法改正に関しては廃案を求める声も日増しに大きくなっていきました。

当初、与党は入管法改正案は成立までスムーズに事が運ぶと思っていたようです。しかし、今回の改正は「改正ではなく改悪だ」と叫んでいる人たちがたくさんいます。その輪は広がり続け、最終的に今国会（会期：二〇二一年一月一八日─六月十六日）では、法案の見送りが決まりました。社会の流れを変えるべく私もがんばっていこうと思います。

結局、社会や政治の流れを変えるには、世論の意識が変わらないといけない。だから、世論を動かすには、発信する記事は客観的であるようでいて主観的であり、その記事の中に自分の思いを込めて書かないといけないようにも感じます。今まではそのような自分の思いの発露はできる限り控えていましたが、でもこれからの時代は、もうそんな時代ではなくなっているように感じます。

移民政策とまともに向き合わない自公政権

望月　入国管理局の担当者も言っていましたが、地続きの大陸で国境が隣国と接する国々は移民の問題や労働政策なども含め、いろいろと対応しなければならないことが多いのに対し、日本は島国なのでそのような対応をあまり気にせず今までやってくることができました。日本人が移民や移住への拒否感が強く、保守的なのはそういった歴史、文化があるからだと思います。

厚生労働省の発表によると、二〇二〇年一〇月末現在の国内で働く外国人労働者数は一七二万四三二八人（前年比四パーセント増）で過去最高を更新しました。

少子高齢化が進み、労働力不足が叫ばれる中、日本経済のためには外国人労働者が増えているのはとてもよいことですが、技能実習生の在留期間は最長五年。人手不足が進む農業や介護、建設、宿泊、造船などの一四分野では、新たに「特定技能一号・二号」という在留資格ができて、資格を得ると、一号では最長で五年間働けるようになりました。しかし、分野がまだ一四分野に限られているため、さらなる期間延長が求められています。

新経済連盟の三《み》木《き》谷《たに》浩《ひろ》史《し》代表理事（楽天グループ会長兼社長）はこれからの日本は働き手不足になるのは明らかなのだから、一刻も早く移民受け入れの議論を始めるべきだと以前から提言しています。新経連では「移民基本法」の制定を政府に働きかけていますが、自民保守層はそこに向き合おうとはしません。

実際には、技能実習生とか留学生という言葉でごまかしているものの、外国人労働者を今でも取り続けているのは、立派な移民政策だと思います。労働力を確保するということと併せて、難民状況に置かれている人たちをどうするのか、さらに外国人労働者に対する人権や労働環境の整備などは、セットで考えていかないといけません。

保守派の人たちにとっては、移民問題は目を背けたい事柄なのでしょう。でも、周りを見渡せば、町の中は外国人労働者であふれています。飲食店、コンビニ、あらゆるところに外国からやって来た労働者がいる。今の日本はもうすでに、外国人労働者なしではやっていけない状況になっています。政府には一刻も早く外国人労働者問題プラス移民問題としっかり向き合ってほしいですね。

森　ジェンダー是正や多文化主義に否定的な人たちも多い。人種差別やヘイトスピーチは相変わらずだし、国益という言葉を盾に、自分たちのやっていることを正当化しようとする人たちであふれています。

集団化が加速する現在の世界秩序において、「国家」はさまざまな集団のラスボス的な位置にいます。保守層の多くは国益と正義をイコールにしている。でもそれは本当に等価なのか。国益の名のもとに多くの人が迫害され殺戮《さつりく》されてきた歴史がある。そもそも国益という言葉が、これほどポピュラーになった時代は過去にあったのかな。僕は記憶にない。もしかしたら、明治末期とか昭和前半の戦争の時代はそうだったかもしれないけど。

海外から日本の労働力としてやって来た技能実習生たちは、コロナ禍で今、仕事もなく、かつ日本に渡航して来た資金は借金なので、その返済もしないといけない。とても苦しい状況に置かれています。だから中には、コンビニで万引きをしてしまう人もいる。

望月　メディアは一方的に「こいつは悪いやつだ」と報じるのではなく、その背景を調べて、事件や問題の本質に迫っていかないといけないですね。

ジャーナリストにとってSNSは武器になる

森　僕はツイッターを始めてからまだ数年です。かつてはなんとなく抵抗があった。今はそうでもないけれど、時おり炎上するたびにうんざりしています。SNSは望月さんにとってどういう存在ですか。

望月　私はSNSがあってとても助けられましたね。官邸での会見のバトルは、空気でいえば私は完全にアウェイで、質問をしても菅さんに相手にされず、記者クラブの人たちからは嘲笑されて、散々でした。

でも、ツイッターなどでフリージャーナリストやフリーライターの方々が、その記者会見の空気をちゃんと伝えてくれて。「なぜ記者クラブの人たちは同業の望月さんを笑うの？」とか「なんで菅さんは望月さんの質問にちゃんと答えないの？」とSNSで広まり、徐々に応援してくれる人が増えていきました。

今まで表に出ることのなかった情報が、こうやって世の中の人の目に留まるようになるというのはとてもいいことだと思います。もちろん、その分、私に対して批判も増えますけど、人それぞれいろんな意見があるわけですからそれはしょうがありません。SNSですべて晒されますから、よくも悪くも、オープンになるしかない。すべて見られているから、コソコソできないのです。だから逆に閉鎖的な記者クラブのような組織にこそ、もっとSNSを活用してほしいと思っています。

森　僕はどうしてもストレートに心情を表現することに抵抗があって、いつもうじうじしています。ツイッターとかは文字数の制限があって、メタファーを紡ぐなどとても無理。だからちょっと怖いです。

望月　表現者として、ダイレクトなメッセージはあまり発したくないという気持ちがあるわけですね。私はジャーナリストとして、とにかく言い続ける、発信し続けることが大事だと思っています。今まで誰も気にしなかったことに、誰かが気づいてくれるだけで進歩なのかなと。

世の中にはいろんな考え方の人たちがいますが、それぞれの気持ちにダイレクトに働きかけていけば、ちょっと穿《うが》った見方をしている人たちの気持ちも変えていけると思います。とにかく、言い続けないと伝わらないということに尽きますね。

森　ツイッターで発信するときに気をつけていることとかありますか。

望月　個人をターゲットにしたような誹謗中傷は絶対にやらないようにしています。会社からもその点は厳しく言われています。組織とか、政府とか、権力とかには、これからも変わらず、言いたいことを言い続けます。

相手から本音を引き出す質問力

望月　官邸での記者会見で名前が知られるようになってからは、どこの会見に行っても「手短にお願いします」と言われるようになってしまいました。映画『i―新聞記者ドキュメント』で実際の自分を客観的に見て「確かに長いな」と思った質問もありましたけど（苦笑）。

森　うん。決して短くはない。疑問に思ったり違和感があることは、ストレートに、徹底的に突っ込んでいきますよね。

望月　そうですね。掘り下げるし、厳しく向き合うことを相手に示さないといけないと思っています。私が永田町で質問する相手は権力者なので、そこに取り込まれるのではなくて、立ち向かっていくというスタンスで臨むようにはしています。

よくある質問で「総理、ご見解は?」とかありますよね。それもわからなくはないですが、まず、疑問を呈してから質問をするべきではないですか。だから私はいつも「私はここが疑問です。それについてあなたはどうお考えですか?」と聞くようにしています。

ホワイトハウスの会見とか見ていると、記者たちは「私は疑問ですが」として大統領などにどんどん質問をぶつけていきますよね。あのようなスタイルでいいと思いますね。日本はやけに丁寧すぎるというか。

森　当たり前のことだけど、質問は単独では意味を持たない。答えが必要です。つまり質疑応答。そのやりとりを重ねることで解を導く。言い方を換えれば弁証法ですね。ところが今の官邸記者会見のように「ひとり一問一答」に限定して「さら問い」も禁じるならば、結局は「最善を尽くします」とか「遺憾に思います」などの紋切り回答で終わってしまう。だって「今朝は何を食べましたか」「今朝は食べていません」「なぜ食べなかったのですか」「はい。さら問いは禁止です」……これでは会話にならない。

「空気を壊す」のがジャーナリズムの役割

望月　映画『i―新聞記者ドキュメント』の中で私の同僚が「記者の役割は空気を壊すこと」

と発言していますよね。空気を壊すというと悪いイメージがありますけど、本質的には、社会や政治が持っている不条理さと通底しているものがあります。みなさんが感じている「不条理だな」という問題意識を、外に伝えていくのが大事なのかなと。「周りの空気を読んで」などとやっていたら、それこそ官邸の問題点などは外に出てきません。結果として記者クラブの空気を壊すことになったとしても、その先に読者の人たちから「これが知りたかった」と言ってもらえればいいんだと思います。

先にも少しお話しいただきましたが、森さんは私たち記者も含め、ジャーナリズムの役割は何だとお考えですか？

森　アカデミックな言い方をすれば、ジャーナリズムの役割は四つあります。ひとつは、「国民の知る権利を代行する」。今世界で何が起きているのか、日本で何が起きているのか、国会で何が起きているか、そういったことを国民の知る権利に応える形で取材して伝える。

ふたつ目は、「権力監視」。権力は、特に政治権力は腐敗して暴走しがちですから、メディアが監視して、危険な気配や予兆を察知したら国民に伝える。欧米ではメディアについて、ウォッチドッグと呼ぶことがあります。つまり番犬。この場合の番犬は何を何から守るのか。国民を権力から守るんです。つまり権力とはそもそもが、暴力的で油断してはいけない存在であるとの前提がある。

三つ目が「弱者の声を届ける」。権力者や大集団の大きな声は、聞きたくなくても僕たち国民に届きます。でも弱い人の声、小さな声はなかなか聞こえてこない。もちろん、すべての小さな声を拾い上げるのは不可能だけど、ジャーナリストたちが現場で聞いた小さな声、苦悶や呻きや助けを求める声を社会に届けること。

四つ目はひとつ目に重なる部分もあるけれど、「ストレートにニュースを伝える」。政治や事件に関するニュース、さまざまなスポーツの結果、天気予報など、その日起こったことを報じる。その多くは官公庁や捜査機関などの発表を、そのまま横流しに報道するという観点から発表報道と呼ばれることもあります。ならば政治権力や大企業の広報機関と変わらなくなる。だからこそ、発表報道に対置される調査報道が重要です。

望月　国会の記者クラブもそうですけど、今、日本のジャーナリズムは権力をウォッチするという部分がとても弱くなってしまっています。逆に言うと、権力に取り込まれる度合いがとても強くなってしまっている。森さんのいう、ジャーナリズムの一番大事な部分が消えかかっているのは大問題ですよね。

あと「小さな声を拾い上げる」に関していえば、それこそＮＨＫが聖火リレー時の「オリンピックに反対」の音声を消したのも、日本のジャーナリズムが小さな声を消すことに何のためらいもなくなってきていることの象徴のような気がします。

森　その問題については、小さな声ではなく大きな声になりかけているから、あわてて消したとの見方もできますね。

僕はジャーナリストにとって大切なことは、「負い目」とか「後ろめたさ」を引きずることとずっと思っています。大メディアになればなるほど影響力は大きくなる。さらに情報には加害性がとても強い。だからこそ「負い目」が重要です。新聞社やテレビ局にはエリートが多いかもしれないけれど、俺たちは所詮は人の不幸を餌にするハイエナなんだと、年に一回くらいは噛みしめたほうがいい。ビリー・ワイルダーが監督した『フロント・ページ』（一九七四年）は、一九二〇年代のシカゴを舞台にした新聞記者たちのドラマです。基本的にはコメディなのだけど、とにかく記者たちの多くが酒飲みでごろつきで、市民からは徹底的に嫌われています。記者とわかった瞬間にタクシーから乗車拒否されるシーンもありました。日本でもかつてはブンヤと呼ばれた時代があったけれど、エリートとして胸を張るよりはこのほうがマシだと思います。

正義の使者みたいな錯覚を持ってしまった背景に、公正中立などの意識が貢献したことは事実だと思う。記者よりもエリート社員。泥臭い取材やスクープよりも出世が目標。そんな記者が増えたんじゃないかな。だから望月さんのように、個を貫く記者は貴重です。

望月　私は意図して個を貫いてきたわけではないんですよね。感じてきた違和感や怒りを発信してきたら今のような状況になっていただけで。私のような記者だけでなく、世の中の人たちもいろいろな違和や不条理を感じているはずです。でも多くの人がそれをなんとなく自分の中に閉じ込めてしまう、見て見ぬふりをして流してしまうというようなところがあって。

そういう世の中の空気を変えようと思ったら、自分の中の疑問をアウトプットして、「その問題意識を感じているのはあなただけではないですよ」と伝え、問題意識を共有していく。それが大きな流れとなって政治を変えるきっかけなどになれば、メディアがその一助として携わることができればいいのかなと。どんな人も、きっと社会や政治の中で壊したい、変えたい何かがあるはずです。私は記者としてその小さな声を見つけて、取り上げてという作業を続けていきます。それでちょっとずつ何かが動けばいいなと思っています。

小さな火を大きな火に変えていく

森　こんな時代だからこそ、望月さんのように空気を読まずに突進する記者が必要だと思うのだけど、他の新聞社やテレビ局などにそんな人はどのくらい存在していますか。

望月　相当数いますよ。各社に私のように「政権の言いなりではなく、今発信しなければならないことを発信していく」という考え方の人が。表立って言える社と言えない社はありますが、黙っている人たちも現状を決して肯定しているわけではないとも感じます。

ウィシュマさん死亡問題に端を発する一連の入管問題は、今までメディアから一番見過ごされてきた事柄です。でもこの入管問題を外国人労働者、あるいは不法就労、無国籍の子供が増えている問題などと絡め、取り上げようとする記者が他社に何人もいます。

入管法関連の会見に行けば知った顔に会いますし、辺野古問題の会見に行けば「あ、あの人も来てるな」というのがわかります。私はよく「東京新聞の望月は左だから」みたいな言い方をされますが、記者に問題意識を持たせるのに右も左も関係ないと思っています。いわゆる保守系といわれるメディアにも、私と同じような感覚で問題に取り組んでいる人たちがいます。日本はこのままでは、国際社会から取り残されるという危機感を持っている人たちが日本のメディアにもちゃんと存在しています。真の保守というのは、非常にリベラルとの親和性が高いようにも思います。

森　必死に歯を食いしばってがんばっている記者やディレクターを、僕も何人も知っています。

結局は組織じゃない。個人です。その意味では自民党も同じです。かつてはもっと所属議員たちの個が強かった。でも安倍政権以降、みな自民党株式会社の社員になってしまった。その帰結として官僚たちも子会社の社員になってしまった。親会社の役員に逆らえるはずがない。新型コロナ禍となって安倍首相が二〇二〇年八月に辞意を表明してからも、総務省幹部の接待問題を筆頭に、政権ではいろいろな問題が噴出しています。

僕も含め、メディアに携わる人は今一度「権力監視」の意味を考えないといけない、とこの対談であらためて思いました。

望月　今がいい機会ということですよね。またおかしな流れに戻っていかないように、日本が少しずつ変わっていけるように、メディアがしっかりしていかないといけませんね。

註

＊1　西山事件　一九七一年の沖縄返還協定締結の際、米国が負担するはずの地権者に対する土地原状回復費四〇〇万ドルを日本政府が肩代わりすることなどを両国政府間で密《ひそ》かに取り決めた。表向きの沖縄返還交渉は、愛知揆一《きいち》外相とウィリアム・ピアース・ロジャーズ米国務長官が行なったが、

実際の細かい金銭交渉は福田赳夫《たけお》蔵相とデヴィッド・M・ケネディ米財務長官との間で行なわれた。この密約に関する機密電文（福田とケネディの会談内容）を、当時毎日新聞記者だった西山太吉が外務省職員に持ち出させたとして国家公務員法違反で有罪判決を受けた。

＊2　ペンタゴン・ペーパーズ事件　一九七一年、米国防総省の機密文書「ペンタゴン・ペーパーズ」がニューヨーク・タイムズで暴露された事件。文書にはベトナムに関する政策決定の歴史、詳細が綴《つづ》られており、世紀の大スクープとして全米を揺るがした。

＊3　ウォーターゲート事件　一九七二年の大統領選挙運動期間中、ワシントンのウォーターゲートビルの民主党本部に盗聴器が仕掛けられた事件。五人の男が逮捕され、後にこの盗聴器は共和党側が仕掛けたことが判明する。一九七四年、ニクソン大統領自身もこの事件に関与していたことが明らかになる。議会での大統領弾劾決議の可決が避けられない状況となり、これを受けて同年八月、ニクソンは任期途中で辞任し、副大統領フォードが大統領に昇格した。

＊4　新聞協会賞　一九五七年に創設された、日本新聞協会が主催する賞。年に一回、優れた報道の担い手に贈られる。新聞協会に加盟する新聞、通信、放送、すべてのメディアが対象。

＊5　国際女性デー　一九〇四年三月八日、ニューヨークで女性労働者たちが参政権を求めてデモを起こした。このデモが起源となり一九七五年、国連によって三月八日を「国際女性デー」とすることが制定された。二〇二一年のテーマは「リーダーシップを発揮する女性たち：コロナ禍の世界で平等な未来を実現する」として、国内でもさまざまなイベントが開催された。

＊6　NHK番組改変問題　二〇〇一年一月三〇日に放映されたNHK教育テレビの番組「ETV2

001『シリーズ戦争をどう裁くか』」の第二回放送「問われる戦時性暴力」で前年に行なわれた「日本軍性奴隷制を裁く女性国際戦犯法廷」が取り上げられた（「女性国際戦犯法廷」は旧日本軍の性暴力を裁くために日本とアジア各国のNGOなどが行なった民間法廷）。しかし、同番組の制作過程においてNHK幹部の現場介入があり、「女性国際戦犯法廷」のシーンに重大な改変が行なわれたとされる。取材に協力した市民団体「戦争と女性への暴力」日本ネットワーク（現「戦争と女性への暴力」リサーチ・アクション・センター）は、放送が事前説明と大幅に異なる内容だとして、NHKと制作会社に賠償を求め提訴した。控訴審途中の二〇〇五年一月、朝日新聞が「政治的介入があった」と報道したが、NHKはこれを全面的に否定。NHK対朝日新聞の大論争へと発展した。

＊7　インファクト　NPO法人インファクト。社会にとって有益な情報を提供すべく、調査報道とファクトチェックによって新しいジャーナリズムの形を目指すとする独立系メディア。元NHKデスク・立岩陽一郎氏が編集長を務める。https://infact.press/

＊8　放送法第三条　（放送番組編集の自由）　放送番組は、法律に定める権限に基づく場合でなければ、何人からも干渉され、又は規律されることがない。

エピローグ――無意識のずれを気にしないこと

望月衣塑子

コロナの感染拡大への懸念から、反対論が根強かった東京五輪が閉幕した。さまざまな制限と困難がある中、それでも選手たちはよく健闘されたと思う。ただ、大会そのものに目を向けると、半世紀ぶり二度目の東京五輪で何を伝えたかったのか、メッセージや理念は見えてこなかった。逆に、日本のマスメディアが抱える病巣が浮き彫りになったように感じた。

最初は「東日本大震災からの復興」が理念とされていたが、二〇二〇年一〇月、菅首相は「コロナウイルスに打ち勝った証《あかし》として開催」という文言を加えた。東京五輪は、時の政権に便利な修飾語を与えられ、政治に利用された。特に菅政権は、コロナ対策をめぐる失政から国民の目を逸らすため、五輪への熱狂を利用して政権浮揚に繋げるという、浅ましい意図を隠そうとすらしなかった。

一番の問題は、それを知りながら、あるいは気づかないふりをして、権力者の思惑に安易に乗っかってしまった大手メディアだった。全国紙含む新聞六紙が公式スポンサーに加わったことで、チェック機能が十分に働かなかった。その代わりに開催前から「一大感染イベントになる可能性がある」「五輪と日本の関係者が、開催できるかのように行動していることは、完全に馬鹿げている」などと厳しい批判をしたのは、ニューヨーク・タイムズやワシントン・ポストなどの海外のメディアであった。

「東京五輪は日本国内のマスメディアの劣化を象徴する出来事だった」と後世にそしりを受けるだろう。東京五輪は、日本国内における人権意識の後進性を浮き彫りにもした。象徴的な出来事は、女性蔑視発言をめぐって森喜朗氏が大会組織委員会の会長を引責辞任したことに始まり、直前まで開閉会式の担当者の辞任・解任が相次いだことだろう。

二〇二一年七月二三日夜八時からの開会式は、法被を着たダンサーや祭ばやし、ゲーム音楽など、日本文化を前面に出したパフォーマンスが見られた。丁寧に演じられていたが、「日本らしさ」を示す断片的な記号を、単に並べたような印象を受けた。構成の統一性が欠けた理由は、開閉会式の演出統括責任者だった電通出身の佐々木宏氏が三月に辞任し、作曲担当だった音楽家の小山田圭吾氏や、ショーディレクターで元芸人の小林賢太郎氏らも直前になって相次いで辞任・解任に追い込まれたことが大きいだろう。

佐々木氏は、タレントの渡辺直美さんを豚に見立てた演出を提案したことが三月の週刊誌報道で発覚。小山田氏は小中高一貫校時代に、障害者に壮絶ないじめをしていたことを一九九四、九五年発売のふたつの音楽雑誌のインタビューで自慢げに答えていた。小林氏は一九九八年発売のライブビデオで、「ユダヤ人大虐殺ごっこ」と称してホロコーストを笑いのネタにしていた。加えて、大工の棟梁《とうりよう》役を務める予定だった俳優の竹中直人氏も、一九八五年のオリジナルビデオで障害者や女性を揶揄するコントを演じていたとして、自ら出演を辞退した。

彼らの言動は「オリンピック憲章の定める権利および自由は人種、肌の色、性別、性的指向、言語、宗教、政治的またはその他の意見、国あるいは社会的な出身、財産、出自やその他の身分などの理由による、いかなる種類の差別も受けることなく、確実に享受されなければならない」というオリンピズムの根本原則に反するもので、辞任・解任は免れないだろう。これらは五輪に限らず、国際社会が希求する普遍的な価値観でもあるはずだ。半面、五輪という国際的な大舞台がなければ、埋もれていた可能性が高い。

主に九〇年代に発せられたこれらの言動（森、佐々木両氏はリアルタイムだが）について、当然、大会組織委員会や電通など近しい人たちは事前に知っていたと思われる。なぜ、大会組織委員会や電通は事前に批判を予想し、回避できなかったのだろうか。おそらく知っていた。でも、発覚したところで「たいして問題にならないだろう」と高をくくっていたのだ。九〇年代以降、誰かを差別したり、外見でからかったり、暴力的な言動をしたりしても、「面白ければアリ」「ウケれば被害者側もオイシイ」という歪んだ価値観がこれらを許容してきた。

ネット時代になり、過去の言動が簡単に検索できるようになった。世論の価値観も変化したが、作り手の意識は相変わらず三〇年前で止まっていたのではないか。例えば、二〇一七年末のバラエティー特番「絶対に笑ってはいけない」では、ダウンタウンの浜田雅功《まさとし》氏が、黒人を模して顔を黒く塗ったことが深刻な人種差別だとして批判が殺到した。同年秋には、とんねるずの石橋貴明氏が、かつて流行した「ゲイ」のキャラクターを特番で演じたことが、LGBTQへの配慮を欠くとしてSNS上で「炎上」。テレビ局社長の謝罪にまで発展していた。九〇年代の日本で許された価値観を、そのまま持ち込んだら、笑えない結果となったという点で、五輪と共通している。大会関係者も電通も、この大物芸人の炎上で学ぶべきだった。にもかかわらず、リスクを軽視したのは「メディアも差別に加担してきた『仲間』だから、昔のことは批判できまい」という見込みの甘さがあったのではないか。

辞任した佐々木氏は「自らの思い込み、偏見、鈍感さなどを見直し、生まれ変わりたい」と陳謝した。これに対し、渡辺直美さんは、女性芸人をルッキズムで笑いの対象にすることは、日本のお笑い界ではこれまで当たり前のように続いてきたとしつつも、「自分の体のことをもっとポジティブに伝えたかった。自分の体のことは自分で決める。決めるのはあなた、決めるのは私自身」という次世代の若者に向けたメッセージをYouTubeで流し、反響を呼んだ。既存メディアではなくYouTubeを使った点に、彼女のマスメディア不信を感じた。

森氏のケースも、日本のジェンダー意識の低さを広く知らせることになった。森氏は二月三日、JOC臨時評議員会の場で「テレビがあるからやりにくいけど、女性の理事、四割ね。これは私だって本音ではやりたくないのですよ。しかしながら、これは文科省がうるさく言うのです。みなさんが嫌がるのもわかります。実際、女性がたくさん入っている理事会は時間がかかる」と発言した。「テレビがあるからやりにくい」とは、「今から際どいことを言うけど報じるなよ。わかっているな」という、その場にいたメディア関係者向けのメッセージだ。

ところが、海外メディアにはそんな「ムラの掟《おきて》」は通じない。「ニューヨーク・タイムズ」は「最大のニュースは、記者が出席した公式の場での発言であり、かつ、その差別を誰も止めなかったということだ」という、あるツイッターのユーザーによる発言を引いた。フランスの「ル・モンド」は、「森氏発言は、年老いた日本の指導者たちの深い無理解ぶりを示すもので、日本の古いジェンダー観が残っている証である。日本では、企業などのトップにそもそも女性が少なく、非正規雇用で働く人の大半が女性だ」と報じた。ＩＯＣ広報は「森会長は謝罪したので、この問題は終了」と打ち消しに必死だったが、その後も国内外からの批判は止まず、二月九日になってようやく「森会長の発言は、きわめて不適切でIOCが取り組む改革や決意と矛盾する」という声明を出した。ここにも関係者とメディアの「甘さ」が見てとれる。

この本のテーマに戻るが、こういう事態になった責任の九割はメディアにあると思う。タレントの問題発言を見て見ぬふりをしてこなかったか。差別やいじめを「笑いのネタ」にすり替えてこなかったか。政治家でいえば、「あの手口に学んだらどうか」とナチスドイツを容認するような発言をした麻生太郎財務大臣や、月刊誌に「同性カップルには生産性がない」と寄稿した杉田水脈《みお》衆院議員への批判は、十分だっただろうか。「この人はキャラだから仕方ないよね」と周囲を見回してから、言葉を呑《の》み込んでいなかっただろうか。それは差別の加害者の振る舞いそのものだ。

本書で対談した森さんは、周囲の空気次第で、いくらでも価値観が変わってしまう「マスメディア」と「世論」に対し、早くから違和感を持ってきた人だ。オウム真理教を扱った『A』『A2』、音楽家の佐村河内守氏を取り上げた『FAKE』などの作品を観ても、メディアの視点と離れた場所から事実を捉え、描いてきた。同時にポーズ（あるいはビジネス）としての「反権力」にも疑問を持ち、事実が多面的であることを示すことで、「おかしな空気」を浮き彫りにしてきた。「そうするつもりはないんだけど、気づいたら他の人とは、ずれているんですよね」。こう語っていた森さんの「無意識のずれを気にしない」姿勢こそ、ジャーナリズムに携わる人には必要不可欠な要素だ。

森さんが映像作家として次に取り組むテーマは、関東大震災の混乱の中、「朝鮮人が井戸に毒を投げた」などの嘘を信じ込んだ自警団によって、香川県から来た薬の行商団一五人が襲われ、妊婦や幼児を含む九人が殺害された「福田村事件」だという。これは、今回の五輪を通じてあらためて露呈した、現代の日本社会が抱える人権軽視や人種差別とも共通する。私たちはいつの時代も間違いを繰り返す。だから、過去の過ちに学ぶ必要がある。

しかし、私は未来に希望を持っている。森喜朗氏の女性蔑視発言に最も怒り、「続投で済ませてはダメだ」と、きっぱりＮＯの声を上げたのは一〇―二〇代の学生や起業家の女性たちだった。当時、慶應義塾大学四年生の能條《のうじょう》桃子さんら大学生グループは議論を重ね、処遇の検討や再発防止を求める「Change org」のオンライン署名を立ち上げ、二週間足らずで一五万七〇〇〇筆を超える署名を集めた。能條さんは「今回のことを森さん個人の問題に矮小化《わいしょうか》せず、社会全体の問題として捉え、このことをきっかけに変えていってほしい。名ばかりの男女平等ではなく、実体が伴ったものにしてほしい」と思いを語った。

森氏ら大会関係者の多くが失言の問題の根深さに気づけず、海外の反響をうかがい、右往左往していた中で、若者たちの頼もしさと行動力に感心した。同時に、国内メディアの影響力の低下を強く感じた。五輪がなければ、国内でいまだはびこる認識の歪みがクローズアップされることもなかっただろう。一部の政治家や業界人、メディア関係者の人権意識は、九〇年代から進歩していない。逆説的だが、五輪で日本が得た一番の教訓と成果は、こうした問題にあらためて気づかされたことはないだろうか。

追記　菅政権の終焉とメディアの未来

二〇二一年九月三日、菅首相が総裁選への出馬断念を表明した。安倍前首相と同様、コロナ禍に苦しむ市民を置き去りにしたまま、逃げるように政権を投げ出した。

東京五輪の開催強行で政権浮揚を目論《もくろ》んだが、その思惑は外れた。五輪閉会前後の各社世論調査の内閣支持率では、朝日新聞が二八パーセント、NHKが二九パーセント、読売新聞でも三五パーセントと軒並み政権発足後の最低を更新し、危険水域に入っていた。地元・横浜市長選の敗北も大きかった。「菅首相では総選挙を戦えない」。改選を控えた若手議員からはそんな声が高まり、党内で急速に求心力を失った。最後に残った相談相手は、最側近の小泉進次郎環境大臣だけ。その小泉氏からも「解散をしたら自民党が終わる」と説得され、解散戦術を封じられる始末だった。

断念を表明した官邸の囲み取材で、菅氏は「総裁選よりもコロナ対策を優先することにした」と語った。だが、そもそも本気でコロナに対峙するならば、臨時国会を開いて与野党間で合意形成を進め、党派を超えて科学的な根拠に基づく対策を進めていたはずだ。コロナがただの言い訳であることは、誰の目にも明らかだった。菅氏は一方的に談話を伝えた後、報道陣の声を無視して立ち去った。

菅氏の失敗の理由は、はっきりしている。彼の発する言葉には、人々を魅了したり納得させたりする力がなかった。そして、批判に耳を傾けて建設的に受けとめ、改善の推進力につなげる意欲も能力も欠けていた。言葉に力がないのは、政治理念が空っぽだから。政治家としては致命的だが、おそらく本人も自覚していたと思われる。

そこで、行き着いたのが恫喝《どうかつ》政治なのだろう。菅氏は、人事と情報を利用し、「アメ」「ムチ」を使い分けて人を支配する技術に長《た》けていた。対談でも触れたとおり、首相になってからも、日本学術会議の新会員任命拒否問題をはじめとして、人事の力で異論を封殺してきた。

総裁選での再選に向けても、恫喝と締め付けを繰り返した。立候補の意向を示した下村博文政調会長に対しては、政調会長の辞任を迫り断念させた。岸田文雄前政調会長が党役員の任期制限に言及し、事実上の「二階切り」を表明すると、争点つぶしのため幹事長交代を図った。さらに、総裁選前に内閣改造を行い、解散総選挙に打って出る「禁じ手」まで模索していた。なりふりかまわず権力を最大限に見せようとする姿も実に菅氏らしい。ただ、彼にはそれしかできなかった。

五輪の有観客開催を断念したころには、側近の議員たちも忠言・諫言《かんげん》を届けることができなくなっていた。不機嫌になってキレ散らかす姿に、ある政権幹部が「誰も何も言えない。官邸は空気がよどんでいるよ」とこぼしたのが印象に残っている。政治リーダーの器ではなかった。

菅政権の一年間で、政策決定における熟議、異論を受け入れる寛容さ、合意形成に向けた民主的プロセス、科学的知見への尊重などはことごとく軽視され、破壊されてしまった。いずれも政治が備えるべき本質的な要素だろう。その結果、安倍長期政権で生まれた社会の分断は、さらに悪化したように思う。

大手メディアの政治記者は昨年（二〇二〇年）九月の総裁選の時点で、菅氏の人物像についてよく知っていたはずだ。菅氏は二階氏を筆頭に五派閥の支持を早々に集め、総裁レースの筆頭に躍り出ていた。一方、官僚のペーパーを読み上げ、記者の質問にまともに答えない官房長官の姿勢について、テレビで真正面から問題視されることはほとんどなかった。それどころか、「パンケーキおじさん」「令和おじさん」などと政治と関係のない内容や、「仕事師で喧嘩《けんか》好き」と持ち上げる支持者や国会議員の声、「お酒は飲めないけど、無派閥派の仲間を増やす菅さん」など、首相としての適性や政治家の実績とは無関係な内容を詳報していた。

コロナ禍のため、この時の総裁選では党員投票は行なわれず、また、そもそも一般市民には自民党総裁を選ぶ権利はない。とはいえ、誰が総理にふさわしいのかを具体的に議論せず、タレントのような取り上げ方をしたことは、理解できなかった。各候補者が総裁になった場合の「リスク」について、メディアが十分に伝えていたかといえば、答えはノーだろう。ここに、特にテレビメディアの政治報道の限界があると思う。

私は、菅氏が出馬表明をしたときに三候補を追いかけ続けたが、菅氏は、どの論戦でも言葉足らずで明らかに石破氏や岸田氏に劣っており、迫力にも説得力にも欠けていた。各候補者に聞くべきなのは、コロナ禍で営業できなくなったり、職を失ったりして生活に困窮する人々を、どう支援するのか、ＰＣＲ検査や重症病床の確保をはじめ、医療体制をどのように充実させるのか、さらに、国民に対してどうやって協力を呼びかけていくのか、という点だろう。結局、菅氏は「自助・共助・公助」と公言し、安倍前政権の継承を強調するばかりだった。自助などと言っている場合ではなかったにもかかわらず、だ。

懸念していたとおり、コロナ感染が拡大し、医療崩壊が起きた。その政治責任を問われても、菅氏は「交通規制とリモートワークの徹底で人流抑制できる」と質問とかみ合わない答弁を重ねた。「ワクチン一本打法」に頼り、「安全安心な大会は開催できる」と抽象的な言葉を繰り返した。

五輪開催は「不要不急の外出の自粛」と真逆のメッセージとなった。結局、専門家や医師らが懸念していたように、五輪開催前から感染は拡大。五輪終了後も一日におよそ二万五千人の新規感染者が続いた。九月三日には、全国の重症者は過去最多の二二二三人まで増加。自宅療養という名で「放置」された人数は全国で一三万五六七四人にのぼると発表された。五輪を強行開催しなければ、これらの人々は苦しむこともなかったろう。そう思うと怒りしか感じない。

官房長官時代から「鉄壁のガースー」と呼ばれていたが、菅氏はそもそも「鉄壁」だったのだろうか。内閣記者会の一部の記者から事前に質問を聞き取り、官僚が用意した紙を読み上げているだけではなかったか。都合の悪い質問には「答える必要がない」と拒否することしかできず、「異端者」「敵」のレッテルを貼り、差別するように仕向けただけではなかったか。「鉄壁」という菅氏の幻想を創ったのはメディアにほかならない。もっと強い言い方をすれば、菅首相を生み出した「共犯」でもある。菅氏は、市民の命を預けられるような人ではなかった。メディアの責任は重い。

本書が書店に並ぶころには、次の総裁が決まっているだろう。その総裁の下で、自民党は四年ぶりの総選挙に臨む。自公の与党に、野党四党が共闘して対峙する。選挙報道をめぐっては、自分たちの生活と経済を守るためには、どの政党や候補者を選ぶのか。その際に何を参考にするのか。有権者が見ているのは議員だけではない。私たちメディアも見られている。

森 達也（もり たつや）

一九五六年、広島県生まれ。映画監督、作家、明治大学特任教授。映画作品に「A」「A2」「FAKE」「i－新聞記者ドキュメント－」他。著書に『U 相模原に現れた世界の憂鬱な断面』（講談社現代新書）他多数。

望月衣塑子（もちづき いそこ）

一九七五年、東京都生まれ。東京新聞社会部記者。二〇一七年、平和・協同ジャーナリスト基金奨励賞受賞。著書に『新聞記者』『武器輸出と日本企業』（角川新書）他、共著に『自壊するメディア』（講談社＋α新書）等。

ジャーナリズムの役割《やくわり》は空気《くうき》を壊《こわ》すこと

集英社新書一〇九〇A

二〇二一年一〇月二〇日 第一刷発行

著者……森《もり》 達《たつ》也《や》／望月《もちづき》衣塑子《いそこ》

発行者……樋口尚也

発行所……株式会社集英社

東京都千代田区一ツ橋二－五－一〇 郵便番号一〇一－八〇五〇

電話 〇三－三二三〇－六三九一（編集部）

〇三－三二三〇－六〇八〇（読者係）

〇三－三二三〇－六三九三（販売部）書店専用

装幀……原 研哉

印刷所……大日本印刷株式会社 凸版印刷株式会社

製本所……加藤製本株式会社

定価はカバーに表示してあります。

ISBN 978-4-08-721190-0 C0231

Printed in Japan

a pilot of wisdom